ANRÜCHIG

Ausstellungkonzeption:
Michael Hoffer, Erika Kiechle-Klemt, Sabine Sünwoldt

Realisation:
Michael Hoffer
und das Aufbauteam des Stadtmuseums unter der Leitung von A. Haas

Fotos: Stadtarchiv München

1. Auflage 1990
© für diese Ausgabe:
Raben Verlag von Wittern KG
8000 München 40, Frohschammerstraße 14
und
Stadtarchiv München
8000 München 40, Winzererstraße 68
Alle Rechte vorbehalten
Titelbild: Erika Kiechle-Klemt
Gesamtherstellung: Clausen & Bosse, Leck
ISBN 3-922696-55-4

Erika Kiechle-Klemt   Sabine Sünwoldt

ANRÜCHIG
Bedürfnisanstalten in der Großstadt

Herausgegeben vom Stadtarchiv München

Begleitbuch zur Ausstellung »ANRÜCHIG«
im Münchner Stadtmuseum
vom 19. 1. 1990 – 4. 3. 1990
Veranstaltet von Stadtmuseum und Stadtarchiv München

vREArBLEaNg

Inhalt

Einleitung

Die Räume liegen meist unter der Erde. Sie sind unterteilt in Zellen. Die Zellen haben abschließbare Türen. Oft sind die Türen und die Trennwände zwischen den Zellen aus Metall. Kaum zu zerstören. Manchmal gibt es Gitter über den Zellentüren. Diese Gitter reichen dann hinauf bis zur Decke, von der fahles Licht aus Neonröhren fällt. Die Wände der Räume sind abwaschbar, die Ausstattung ist karg, zweckmäßig, niet- und nagelfest.

Bedürfnisanstalten gehören zur »Rückseite« der Großstadt. Zumindest in München ist dies so. Sie werden getarnt, versteckt. Sie haben etwas »Anrüchiges«. Schon vor mehr als hundert Jahren, als die erste städtische Bedürfnisanstalt hier errichtet wurde, erhoben die Bewohner der in der Nähe gelegenen Häuser Protest. Der Anblick eines solchen Gebäudes verletze das Sittlichkeitsempfinden. Grundsätzlich wurde die Errungenschaft moderner Stadthygiene ja begrüßt – aber doch nicht, wenn sie vor dem Wohnzimmerfenster ihren Platz finden sollte! Die Vorbehalte führten letztendlich zur Verdrängung der Bedürfnisanstalten unter die Erde. Heute werden kaum mehr oberirdische Anstalten errichtet. Die öffentliche Einrichtung wird versteckt vor den Augen der Öffentlichkeit, der sie dienen soll.

Bedürfnisanstalten – »anrüchig« offenbar auch als Thema eines Buches. Wer sich mit »so etwas« beschäftigt, erntet schiefe Blicke, Erstaunen, peinlich berührtes Lächeln. Es ist, als berühre man ein Tabu. Während die Ausstattung der privaten Toilette zu einer Art Prestigesymbol geworden ist, während für die gelungene Gestaltung von Restaurant-Toiletten bereits Preise vergeben werden, ist die öffentliche Bedürfnisanstalt weiterhin ein peinliches Thema. Sie wird gemieden, sogar im Gespräch.

Das Buch fragt nach den Hintergründen dieser Haltung und nach ihren Auswirkungen. Am Beispiel München beschreibt es – historisch und gegenwartsbezogen – den Umgang mit der Bedürfnisanstalt als Attribut der Alltagskultur.

Es möchte nachvollziehbar machen, daß – vom Standort bis zur Ästhetik der Ausstattung – das Erscheinungsbild dieser Einrichtung das Produkt der Bewertung und Behandlung ist, die sie erfährt. Umgekehrt prägt jedoch wiederum das Erscheinungsbild die Art des Umganges mit der Einrichtung. Diese Wechselwirkung läßt sich gerade anhand der Bedürfnisanstalt deutlich zeigen.

Die Einstellung, die wir einer Institution entgegenbringen, wird meist auch auf die Menschen projiziert, die mit ihr in Verbindung stehen. In den städtischen Bedürfnisanstalten hatten über lange Zeit Frauen als Toilettenwärterinnen ihren Arbeitsplatz. Die Bedingungen, unter welchen sie ihren Dienst verrichteten, lassen aus heutiger Sicht ihr Beschäftigungsverhältnis fast wie eine Strafmaßnahme erscheinen. Die Arbeitssituation dieser Frauen und die Art des Umganges mit ihnen wurden zur damaligen Zeit jedoch durchaus nicht als besonders prekär empfunden; vielleicht nicht einmal von den Frauen selbst. Hier lassen sich, über den Bereich der Bedürfnisanstalten hinaus, soziale Strukturen und Wertvorstellungen entdecken, die als Selbstverständlichkeiten das Alltagsleben in der Stadt des 19. Jahrhunderts prägten.

Doch auch Frauen, die heute als Toilettenwärterinnen tätig sind, kommen zu Wort und berichten von ihrem Arbeitsalltag, von der Einschätzung ihrer Tätigkeit durch sie selbst und durch andere.

Eine Institution, die dem grellen Licht sozialer Kontrolle so weitgehend entzogen ist wie die Bedürfnisanstalt, kann ein »Eigenleben« entwickeln. Sie kann Funktionen übernehmen, die über ihre eigentliche Bestimmung hinausgehen. Andere Arten der Nutzung, andere Arten des Umganges mit ihr stellen sich ein. Hier ist beispielsweise die Rolle angesprochen, die die Bedürfnisanstalt für Homosexuelle spielen kann. In der Vergangenheit diente sie als Kontakthof, in dem man, relativ sicher vor Verfolgung, Verabredungen treffen und Adressen austauschen konnte. Mittlerweile haben Bedürfnisanstalten als Ambiente des Sexualkontaktes durchaus einen Platz im breiten Spektrum der Sexualkultur dieser Gruppe.

Für eine andere, eine soziale Minderheit ist die Bedürfnisanstalt Zufluchtsort. Nichtseßhafte nutzen sie mitunter als Schlafplatz, suchen an diesem Ort Schutz vor der Kälte der Nacht.

Der Text erzählt von Menschen, und er läßt Menschen erzählen. Ihm gegenübergestellt sind Fotografien, die die Präsenz von Menschen weitgehend ausklammern. Die Kamera richtet sich auf die Gestalt, die der Umgang mit der Einrichtung deren Räumen gab. Die Bilder möchten die Atmosphäre dieser Räume vermitteln und in der Isolierung von Details deren beklemmende Ästhetik vor Augen führen. Sie möchten den Betrachter in die Rolle des Benützers versetzen und ihn auf ungewohnte Art mit vermeintlich Vertrautem konfrontieren.

Eine technische Anmerkung sei noch erlaubt. Zur Darstellung der gegenwärtigen Situation zieht das Buch Interviews mit heran. Sie sind verkürzt, jedoch im Wortlaut wiedergegeben. Zugunsten der Lesbarkeit wurde dabei auf die genaue Verzeichnung mundartlicher Eigenheiten verzichtet.

Dieses Buch wäre nicht zustandegekommen, hätten wir nicht von vielen Seiten Unterstützung erfahren. Unser Dank gilt besonders Herrn Dr. Bauer, dem Direktor des Stadtarchivs München, der die Veröffentlichung unserer Arbeit anregte und ermöglichte. Für sein Vertrauen und seine Förderung möchten wir ihm herzlich danken. Viel Vertrauen setzte auch Herr Till, der Direktor des Münchner Stadtmuseums, in unser »anrüchiges« Projekt, als er sich bereiterklärte, eine Ausstellung hierzu im Stadtmuseum zu veranstalten, der der Band zugleich als Katalogbuch dient. Die Ausstellung konnten wir zusammen mit Herrn Michael Hoffer konzipieren, der darüberhinaus die Inszenierung übernahm. Hier ist nun die Gelegenheit, ihm für die Art der Zusammenarbeit und für sein Einfühlungsvermögen in das heikle Thema unsere Dankbarkeit auszusprechen.

Wertvolle, sachkundige Hilfe erhielten wir von Frau Eva Graf bei der Recherche des historischen Bildmaterials. Herrn Dr. Florian Dering danken wir für die Literatur- und Quellenhinweise und dafür, daß er unser Ausstellungsvorhaben von Beginn an unterstützte.

Unser Dank gilt unseren vielen Gesprächspartnern, insbesondere Frau Karl, Frau Klinke, Frau Peinl, Herrn Juwan, Herrn Rauer, Herrn Umsorg und nicht zuletzt Herrn Salvermoser und Herrn Braun für die tatkräftige Hilfe.

Und schließlich haben wir allen Grund, dem Raben-Verlag für sein Vertrauen zu danken, für seine Bereitschaft, sich auf »Anrüchig« einzulassen und für die unkomplizierte Art, das Projekt zu übernehmen.

Erika Kiechle-Klemt   Sabine Sünwoldt

»Nur im äußersten Notfall«
Eine Besuchsbeschreibung

Ein Mitarbeiter der Stadtverwaltung, der jahrelang mit der organisatorischen Betreuung und Instandhaltung städtischer Bedürfnisanstalten befaßt war, antwortet auf die Frage, ob denn er die Kabinen der Anstalten aufsuche: »Grundsätzlich nicht. Nur im äußersten Notfall.«[1]

Es ist ein heller Sommertag. Die Hitze breitet ein Glasdach über die Stadt, das keinen Windhauch durchkommen läßt. Auf der Straße herrscht Betriebsamkeit. Kinder laufen an den Hauswänden entlang, Radfahrer klingeln Bögen um Fußgänger; Fußgänger passen die richtige Sekunde ab, sich über die Straße zu retten, bevor das nächste Auto heranbraust. Blechern schrillend biegt eine Straßenbahn um die Kurve, hält an, die Türen schwingen auf und lassen Fahrgäste einsteigen. Jedesmal, wenn ein Fuß auf das Trittbrett gesetzt wird, gibt es ein dumpf-metallisches Klappen. Passanten eilen vorbei mit Aktenkoffern, Einkaufstaschen, Plastiktüten.
Die Bedürfnisanstalt liegt etwas abseits, von Bäumen umgeben. »00« – ich gebe zu, ich weiß noch immer nicht, wovon sich dieses Zeichen tatsächlich ableitet.
Ich blicke mich kurz um, ob jemand mich beobachtet, denn – eigentlich ist es ja peinlich, eine Bedürfnisanstalt aufzusuchen. Man tut dies schließlich »nur im äußersten Notfall«. Und wer möchte schon zeigen, so in der Öffentlichkeit, daß er sich in einer Notsituation dieser Art befindet.
Die Tür läßt sich nur schwer öffnen. Ich muß mich dagegenlehnen, damit sie den Weg freigibt. Heiße, mit stechend-süßlichem Geruch getränkte Luft schlägt mir entgegen. Die Tür fällt hinter mir ins Schloß.
Ich bin allein in dem Raum. Der schwere Geruch legt sich um mich, stülpt sich über mich. Meine Hände fühlen sich klebrig an.

Der Boden ist mit grauen, unregelmäßig gemusterten Steinfliesen belegt. Zur Mitte des Raumes hin fällt er von allen Seiten her etwas ab. Dort leuchtet stumpf die Metallumfassung eines Gullys. Die Wände bedecken bis auf Schulterhöhe gelbliche Kacheln. Über dem Waschbecken ist ein Spiegel an die Wand geschraubt. Die Oberfläche des Spiegelglases ist fleckenlos, doch ist die Silberschicht zum Teil getrübt. An manchen Stellen wachsen kleine braune Punkte von den Seiten zur Mitte hin, verdichten sich zu Formen, die aussehen wie die Spuren von Vogelkrallen. Das Waschbecken ist von einem Netz feiner grauer Risse überzogen, doch es ist nicht schmutzig. Rechts neben dem Becken, etwas tiefer, ist ein Abfallkorb aus grobem Drahtgeflecht an die Wandfliesen montiert. Zwei Papiertücher liegen zerknüllt auf seinem Boden.
Die Türen der Zellen, hell lackiert und mit schablonengemalten Nummern versehen, weisen an ihren Unterkanten Scharten auf. Manche davon sind überstrichen worden. Die weiße Farbe auf den Münzautomaten blättert stellenweise ab. Die Klinken sind zerkratzt, ihre Oberfläche stumpf. »2 × 10 Pfg. einwerfen und fallen lassen. Dann Klinke ganz herunterdrücken«, weist mich das Schild über dem Münzautomaten an. Die Münzen verschwinden im Schlitz, und ich öffne die Tür.
Bevor ich noch umgreifen kann, läßt der Schließhebel die Zellentür zunallen. Neben der Türbekleidung an der Kabinenwand fehlen vier Fliesen. Die Fehlstellen geben den Blick auf die Hartfaserplatte frei, die die Fliesen trägt. Ich verriegle; mit vernehmlichem Klakken rastet die Zuhaltung ein.
Von einem unverkleideten Rohr, das oberhalb der Zellen an der Wand entlanggeführt ist, zweigt die Spülleitung zur Toilette ab. In der Sitzkante der niedrigen weißen Keramikschüssel scheinen beiderseits dunkle

Kunststoffwangen eingelassen. Bei näherem Hinsehen ist jedoch zu erkennen, daß die dunklen Flächen nur aufgemalt sind. Der hintere Teil der Schüsselkante trägt Abdrücke von Schuhsohlen.

An der Fliesenwand neben der Toilette ragt aus einer schwarzlackierten Eisenplatte ein rechtwinklig gebogenes Metallrohr. Es fungiert als Halterung für die Papierrolle, die an der offenen Seite von einer runden Metallplatte auf dem Rohr gehalten wird.

Die Eisenhalterung mit der grauen Papierrolle, die Spülleitung, die Toilette; ein Schritt in der Breite, einein halb Schritte lang: die Zelle.

Die Geräusche des Straßenverkehrs dringen nur gedämpft in diesen Raum. Hier ist es still. Durch einen Schritt bin ich aus der Betriebsamkeit des Großstadtalltags in eine vollkommene, durch ein Schloß gesicherte Privatheit abgetaucht.

Die Zelle schwimmt in einem diffusen, schattenlosen Licht. Ich sehe nach oben. An der rissigen Decke, deren ursprünglich weißer Farbanstrich nur noch an den Kanten erkennbar ist, klebt eine Neonröhre. Sie ist durch eine dickwandige Glasverkleidung geschützt. Das Licht, das durch das Glas herabfällt, ist fahl – irgendwie grau. Vielleicht ist es dieses graue Licht, das alles hier unten wie von einer dumpfen Patina überzogen erscheinen läßt.

Ich verlasse die Zelle. Die Tür knallt wieder hinter mir zu; vielleicht fehlen bald weitere Fliesen in der Kabinenwand. Ich trete ans Waschbecken, reibe mir lange die Hände unter dem fließenden Wasser. Seife ist nicht vorhanden. Mit nassen Fingern suche ich in meiner Handtasche nach einem Papiertaschentuch und trockne die Hände damit. Danach landet es bei den zwei anderen im Drahtkorb.

Die Luft draußen scheint frisch. Ich atme tief und befreit ein, während sich die Tür der Bedürfnisanstalt hinter mir schließt. Dann tauche ich schnell wieder ein in die Betriebsamkeit, in den Lärm unter dem Glasdach. Noch immer verspüre ich Beißend-Süßliches in der Nase und hoffe, daß niemand riecht, wo ich war.

17

18

»…Die Bestimmung der Baulichkeiten etwas mehr in den Hintergrund treten zu lassen«
Zum Umgang mit einer stadthygienischen Errungenschaft

»Seit einiger Zeit nimmt dahier der — weder mit der Reinlichkeitspolizey, noch mit dem öffentlichen Anstande und guten Sitten vereinbarliche Gebrauch der Entledigung natürlicher Bedürfnisse in besuchten Straßen und Plätzen, selbst bei Tag und in den Höfen königlicher Gebäude immer mehr überhand.«

Mit diesem Hinweis fordert das Staatsministerium des Innern im Jahre 1827 »zur Ergreifung zweckdienlicher Maßnahmen« auf, »allenfalls auch zur Errichtung besonderer Lokalitäten… zur Steuerung dieses Übelstands in der Residenzstadt«[2]. Der daraufhin mit der Erstellung eines Gutachtens beauftragte Stadtbauingenieur Karl Probst begrüßt zwar die Einrichtung derartiger »Lokalitäten«, sie hätten jedoch »versteckt an fließendes Wasser« postiert zu werden, denn »jeder Versuch dergleichen frey stehende Gebäude auf öffentlichen Plätzen zu erbauen, würde man ihnen auch die schönste Form von der Welt geben, müßte an den vielen Schwierigkeiten und Inkonvenienzen, welche von einem solchen Unternehmen unzertrennlich sind, scheitern«[3].

Zu der Zeit, als Probst sein Gutachten verfaßte, gab es in München bereits drei öffentliche Abtritte. Es handelte sich dabei um Bretterverschläge, die tatsächlich »an fließendem Wasser«, an den Stadtbächen nämlich, errichtet waren.[4] Die Entsorgung erfolgte direkt in den Bach.

In die offenen Stadtbäche wurde, direkt oder über Straßenrinnen, der Großteil der Haus-, Wirtschafts- und Straßenabwässer geleitet. Auch Fäkalien vertraute man ihnen zur Weiterleitung in die Isar an. In Anwesen, die nicht direkt an einem der Bäche lagen, wurden die Fäkalien zusammen mit Hausabwässern in

Schwindgruben gesammelt, deren Inhalt weitgehend im Boden versickerte. Krankheitserreger drangen auf diese Weise in das Grundwasser vor, aus dem weite Teile der Bevölkerung über Brunnen ihr Trinkwasser bezogen.[5] Die Mängel in den hygienischen Verhältnissen, auch in Wohnsituation und Ernährungsweise, setzten die Bevölkerung der Stadt zunehmender Krankheitsgefahr aus.[6] München ›profilierte‹ sich als Typhusstadt; 1836 kam es zu einer Choleraepidemie.

Nachdem die Cholera 1854 erneut ausgebrochen war, begann man im Rahmen der «Stadtassanirung» durchgreifende Maßnahmen zur Bekämpfung der hygienischen Mißstände einzuleiten. Bis 1860 hatten alle Versitzgruben abgedichtet zu werden.[7] Der Stadtbaurat Arnold v. Zenetti wurde 1855 mit der Planung eines Entwässerungssystems beauftragt. Zwar hatte bereits Probst den Bau einiger unterirdischer Kanäle in einem Teil der Stadt angeregt; sie waren jedoch untereinander nicht verbunden und erwiesen sich aufgrund ihrer Konstruktionsart und der fehlenden Durchspülungsmöglichkeiten als unzureichend. Nun wurde 1862 in der Max- und Ludwigsvorstadt sowie in der Umgebung des Tals ein System von eiförmig profilierten Sielen in Betrieb genommen, das durch den Einbau von Stauschleusen auch eine gewisse Durchspülungsmöglichkeit bot.[8]

Zweck dieser Maßnahme war die Reinhaltung des Bodens. Sie wurde für eine Reduzierung der Krankheitsgefahr als ausschlaggebend betrachtet. Die wissenschaftliche Grundlage lieferte dabei die sogenannte »Bodentheorie« des Münchener Hygienikers Max v. Pettenkofer, der auch an der Planung des Kanalisationsprojektes beteiligt wurde. Pettenkofer war bei seiner Forschungsarbeit zu dem Ergebnis gekommen, »daß die Cholera durch Entwicklung eines Gases bei Zersetzung flüssiger Exkrementteile«[9] im Erdreich verursacht würde. Daher biete ein »reiner Boden« den »sichersten Schutz gegen die Cholera und gegen andere Epidemien«[10]. Er riet zu »Reinlichkeit am Leibe, in Haus und Hof und auf der Straße, namentlich... sorgfältiger und regelrechter Entfernung aller Schmutzwässer von unseren Wohnplätzen«[11].

Das Sielesystem, das diese Aufgabe erfüllen sollte, bereitete jedoch Probleme. Verbotenerweise eingeschüttete feststoffliche Fäkalien setzten sich in der Profilsohle ab. Zu ihrer Abschwemmung reichte die Kapazität der Spülmöglichkeiten nicht aus. Als Pettenkofer die Errichtung eines – nach ihm benannten – Brunnwerkes unterstützte, das ab 1868 u. a. die neu kanalisierten Stadtteile mit Wasser aus den Thalkirchener Quellen versorgte, geschah dies denn auch vordringlich deshalb, weil er an einer Maximierung der Spülwasserzufuhr für die Kanäle interessiert war. Die Verbesserung der Trinkwasserqualität, wie sie die Staatsregierung für notwendig hielt, war für ihn sekundär. Eine Verunreinigung des Trinkwassers als Krankheitsursache schloß er aus. Noch als Siebzigjähriger schwor er der Trinkwassertheorie »einen Krieg bis aufs Messer«, da sie ein Hindernis bilde auf dem »Wege zur Assanirung des Bodens«[12].

1874, noch während die Cholera abermals in München grassierte, setzte der Magistrat eine Kommission zur Planung einer umfassenden Kanalisation, Wasserversorgung und geregelten Abfuhr für das ganze Stadtgebiet ein. Dem Gremium gehörten als Sachverständige auch Pettenkofer und Kreismedizinalrat Kerschensteiner an.[13]

Auf die Arbeit der Kommission sind weitreichende stadthygienische Baumaßnahmen im München des ausgehenden 19. Jahrhunderts zurückzuführen. So wurde z. B. zur Zentralisierung des Schlachtens, das bis dahin in einer Vielzahl über die Stadt verteilter Schlachtstätten vorgenommen worden war, 1878 der Schlacht- und Viehhof fertiggestellt.[14] Die Umstellung der Wasserversorgung über eine neu angelegte Zulei-

tung aus dem Mangfalltal feierte mit der Inbetriebnahme des Wittelsbacher Brunnens 1895 ihren offiziellen Abschluß.[15] Parallel dazu entstand ein effektives Kanalisationssystem, das auch die Abschwemmung feststofflicher Fäkalien leisten konnte. Es wurde 1893 in Betrieb genommen. Ausgeführt wurde der Bau nach modifizierten Plänen des im Kanalisationsbau erfahrenen englischen Bauingenieurs J. Gordon.

Die Absicht, Fäkalien nicht mehr in Tonnen und Gruben zu sammeln, sondern in die Isar abzuleiten, traf auf den Widerstand verschiedener Interessengruppen, deren Vertretung insbesondere der »Münchner Architekten- und Ingenieur-Verein« wahrnahm. Doch Pettenkofer gelang es, die Argumente der Gegenseite, wie etwa den Hinweis auf die Verschmutzung des Flusses oder auf die Vergeudung wertvoller Dungstoffe, die die Landwirtschaft bisher aus den Abortgruben und Tonnen der Stadt bezogen habe, zu entkräften.[16] Außerdem stellte er fest: »Auch die Münchner fangen an, ihrer Gruben und Tonnen... überdrüssig zu werden und sich nach Abschwemmung der Fäkalien zu sehnen.«[17]

Die Zusammenarbeit der Stadtverwaltung mit Vertretern der Hygienebewegung, wie sie in München stattfand, war im 19. Jahrhundert keine Seltenheit. An die Kommunalverwaltungen, die durch die Übernahme von Aufgaben im Wohlfahrtsbereich von der bloßen Verwaltungs- zur Leistungsinstanz geworden waren[18], stellte die Bewältigung der von Bevölkerungswachstum und aufkommender Industrialisierung, von Sozialproblematik und Krankheitsgefahr gekennzeichneten Urbanisierung hohe Anforderungen. Ihre Hilfe bei der Problemlösung hatten die Hygieniker schon früh angetragen. Die Hygienebewegung ging auf die Idee akademisch gebildeter Ärzte des 18. Jahrhunderts zurück, eine »auf den Gesamtzusammenhang bedachte Gesundheitspolizei« unter ihrer Führung herauszubilden, ein Gesundheitswesen, das »Anspruch auf Dauerhaftigkeit« erhebt und »Entscheidungen in einer der Stadtverwaltung dienlichen Perspektive« trifft.[19] Interesse der Hygieniker war die Anwendung naturwissenschaftlicher Erkenntnisse zur Krankheitsprävention. Gesundheitsvorsorge mahnten sie als dringlich an – sowohl in der individuellen Lebensführung als auch in der Organisation eines Gemeinwesens. Möglichkeiten zu Maßnahmen einer präventiven Gesundheitspolitik sahen sie gerade im kommunalen Zuständigkeitsbereich gegeben, der Aufgaben im Wohlfahrts-, Erziehungs- bzw. Bildungs- und Gesundheitswesen mit der dazugehörigen Bauplanung, sowie das Ver- und Entsorgungsgebiet umfaßte.

Für die Notwendigkeit der Gesundheitsvorsorge, und damit auch der Verhütung von Epidemien, plädierten sie mit Hilfe »statistisch belegbarer Nachweise über vermeidbare Verluste an Menschenleben oder Arbeitskräften… Die Hygieniker wollten sinnlose Verschwendungen im Budget der öffentlichen Haushalte vermeiden, so eben auch die Unterstützungsgelder für arbeitsunfähige Arme.«[20] Für München wurde demgemäß z. B. der finanzielle Schaden durch Typhusepidemien vom Universitätsprofessor und Direktor des städtischen Krankenhauses Hugo Wilhelm v. Ziemssen akribisch errechnet.[21]

Die Argumente der Hygieniker überzeugten die Stadtverwaltungen und ließen die Durchführung so kostspieliger Projekte wie der Stadtassanierungen letztlich lohnend erscheinen.

Die Veränderungen, die die hygienischen Verhältnisse der Stadt im 19. Jahrhundert erfuhren, hatten ihre unmittelbaren Auswirkungen auch auf die Bedürfnisanstalten. Ihre Konstruktion und sanitäre Ausstattung wurden ständig verbessert. Ver- und Entsorgungsprobleme hatte man gegen Ende des Jahrhunderts gelöst. Die »Inkonvenienzen«, die Probst in seinem Gutachten 1827 angesprochen hatte, waren damit weitgehend beseitigt. Die Schwemmkanalisation machte die Einführung des Spülklosetts möglich; die Wasserversorgung erlaubte die Installation von Wasserspülvorrichtungen in allen Pissoirs. Außerdem wurde die Wahl des Standortes vom Verlauf der Stadtbäche, die übrigens nun überwölbt wurden, unabhängig. Man sollte meinen, daß die Bedürfnisanstalt nun nicht mehr »ver-

steckt« werden mußte, wie Probst es noch für den Bau von öffentlichen Abtritten empfahl, und daß diese der Allgemeinheit dienende Einrichtung als sichtbares Zeichen fortschrittlicher Stadthygiene gerne von der Allgemeinheit angenommen wurde. Doch weit gefehlt – als 1909 in einer verwaltungsinternen Korrespondenz darum gebeten wird, aufgrund »täglich zu Dutzenden einlaufender Anzeigen wegen Pissens auf der Straße« mehr Pissoirs aufzustellen, klingt Resignation aus dem Antwortschreiben: »Die sehr beachtenswerte Anregung trifft in der Praxis leider auf soviel Schwierigkeiten, daß ich mir versagen muß, darauf einzugehen. Es fehlt mir an Zeit und Papier, um meine… erfolglosen Versuche nach Einrichtung neuer Bedürfnisanstalten zu schildern. Es ist zur Zeit gänzlich ausgeschlossen, an Stellen wie in Berlin, Paris etc. Pissoirs zu errichten; wo dort die Öffentlichkeit sich mit solchen Anstalten längst abgefunden und befreundet hat, herrscht hier… eine nicht zu überwindende Prüderie.«[22]

Die Schwierigkeiten bezüglich der Akzeptanz öffentlicher Bedürfnisanstalten hatten ihre eigene Tradition. Sie stellten sich bereits nach Errichtung der ersten öffentlichen Pissoirbauten ein, die die Stadt auf ständige Beschwerden und neuerlichen Vorschlag der Staatsregierung hin[23] 1852 vornahm.

Das Stadtbauamt plante damals die Konstruktion von Holzhäuschen, die nur von einer, den Vorübergehenden abgewandten Seite her begehbar sein sollten. Innen wollte man sie mit Blech ausschlagen und mit einer marmornen Bodenplatte versehen. Die Flüssigkeit sollte über eine emaillierte Rinne in eine Röhre und durch diese in eine Grube oder einen Kanal gelangen.[24] Das Stadtbauamt begrüßte die Bereitstellung solcher Häuschen. Ein positiver Nebeneffekt sei nämlich, daß man dadurch das Verunreinigen der Straße mit empfindlichen Geldstrafen belegen könne, wodurch »vielleicht ein Theil der Kosten für Herstellung der Häuschen gedeckt« sein werde.[25]

Der Magistrat entschloß sich zur versuchsweisen Aufstellung dreier Pissoirmodelle. Am Isartor-Platz sollte ein eckiges Holzhäuschen mit Wasserspülung, wie es das Stadtbauamt vorgeschlagen hatte, errichtet wer-

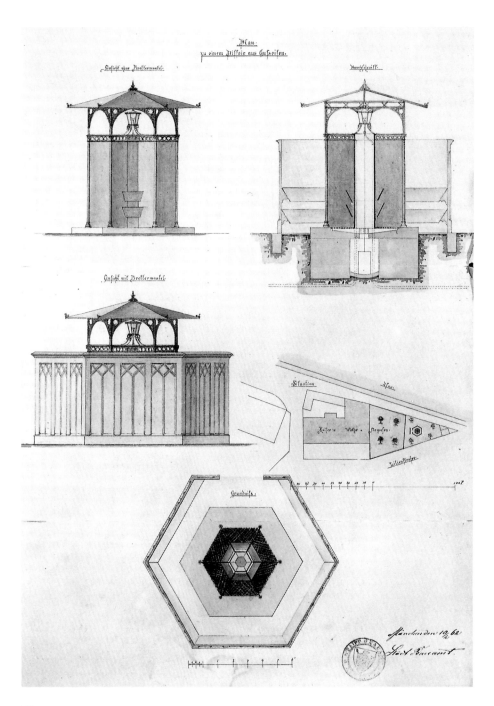

22

den; in der Galeriestraße war der Platz für ein hölzernes rundes Pissoir ohne Wasserspülung vorgesehen; eines aus Stein, »über Mannshöhe, jedoch ohne Dach, um die Anhäufung übler Ausdünstung zu beschränken«, wollte man, mit Wasserspülung versehen, am Militärgefängnis, nahe der Glockengasse, aufführen.[26] Die Polizeidirektion befürwortete das Vorhaben, bat jedoch darauf zu achten, »daß bezüglich dieser Pissoirs nicht einzig und allein auf deren Zweckmäßigkeit, sondern nebstbei auch auf ein entsprechendes Äußere gesehen« werde.[27]

Die Errichtung der Versuchspissoirs war noch gar nicht abgeschlossen, als im November 1852 bereits Protest eingelegt wurde. Der Besitzer zweier Häuser am Isartor hatte Beschwerde gegen den ständigen Mißbrauch des Isartor-Turmes als Ort zur Bedürfnisverrichtung eingelegt und um Anbringung einer Warn- und Verbotstafel gebeten. »Statt einer Gewährung dieses Gesuches wird nun vor meinen Häusern mit der Herstellung eines sogenannten Pissoirs begonnen, und ich stelle nun die Bitte, hierfür in Erwägung der mannigfachen Nachtheile und Mißstände, welche ... meine beiden Häuser benachtheiligen würden, einen anderen angemessenen Platz auszumitteln.«[28] Das Häuschen wurde um ein Stück verschoben. Nach einiger Zeit ging jedoch von anderer Seite der Antrag ein, »daß das Pissoir neben dem Holzmeßhäuschen vor dem Isarthore entfernt und an einen anderen geeigneten Ort versetzt werde, indem der üble Geruch desselben ... nicht nur unerträglich, sondern auch der Gesundheit nachtheilig sei«[29]. Der Magistrat riet bei seiner Zustimmung zum Wechsel des Standortes, die Wahl des Platzes vorher genau zu erwägen, »damit nicht wieder nach einigen Monaten eine abermalige Versetzung nothwendig wird«[30]. Kurze Zeit später geht die Meldung ein, daß »einer der Holzmesser lediglich in Folge des üblen Geruches bereits erkrankt und gestorben sei und sie alle mehr oder minder eine Unbehaglichkeit fühlen«[31]. Das Stadtbauamt gibt auf und informiert den Magistrat, man habe »in Ermangelung eines *völlig* geeigneten Platzes die gänzliche Entfernung des Pißhauses angeordnet«[32].

Vor allem aufgrund mangelnder Wasserspülung und Kanalisation erwies sich die Vorrichtung, die eigentlich zur Reinhaltung der Stadt und damit im Interesse ihrer Bewohner konzipiert war, als Objekt ständigen Ärgernisses. Der Protest der Anwohner kam aus allen sozialen Schichten, und nur selten war ein Betroffener so langmütig wie Graf Pocci, der einen sechsjährigen Kampf gegen das 1857 an seinem Gartenzaun errichtete Pissoir führte. Schließlich wies er darauf hin, daß er die Fenster seines Hauses mittlerweile nicht mehr öffnen könne und das Wasser aus seinem Brunnen sich als »Folge der Versickerung des Pissoirfluidums« merklich verschlechtert habe.[33] Das Häuschen wurde entfernt.

Nicht besser erging es dem gemauerten Modell aus der Reihe der ›Versuchspissoirs‹, das am Militärgefängnis seinen Platz gefunden hatte. Neben der Geruchsbildung und der Tatsache, daß Bedürfnisse auch in der Umgebung des Pissoirs verrichtet würden, waren es sittliche Gründe, die die k. b. Commandantschaft zur Beschwerdeführung veranlaßten. Die offene Seite des Pissoirs läge nämlich den Fenstern der Wohnungen ihrer Bediensteten gegenüber. So hätten die »hier Wohnenden und deren Kinder, so oft sie ein Fenster öffnen, den ekelhaften und die Sittlichkeit verletzenden Anblick vor Augen«[34]. Das Pissoir wurde abgerissen.

Den Hinweis auf anwohnende »Töchter zarteren oder auch reiferen Alters, deren ästhetisches und auch moralisches Gefühl ... aufs Tiefste verletzt und gekränkt wird«[35], findet man so oder ähnlich in einer Reihe von Protestschreiben.

Als die Polizeidirektion 1865 die immer noch bestehende Verunreinigung der Straßen auf die Unbenützbarkeit der vorhandenen Pissoirs zurückführte, die völlig verschmutzt, jedoch vor allem zu eng seien[36], erwiderte das Stadtbauamt, die Häuschen seien so klein konstruiert, »weil die Erfahrung lehrte, daß dieselben schwer einen ständigen Platz behalten und daher leicht transportierbar sein müssen«[37].

Die Verwaltung sah sich zwischen den Fronten: bedrängt von jenen, die das ›wilde‹ Verrichten der Bedürf-

nisse als »Verletzung der Sittlichkeit« anzeigten und sie aufforderten, Maßnahmen dagegen einzuleiten[38], und den Anwohnern, die eine Verletzung des sittlichen Empfindens durch den An- bzw. Einblick in ein Pissoir monierten. Man hatte dem Gebot nachzukommen, der Verunreinigung der Straßen als Gesundheitsgefährdung ein Ende zu bereiten. Installierte die Stadt daraufhin öffentliche Abtritte, so wurden diese als »krankheitserzeugende Einrichtungen«, von welchen »Gefahren einer unausbleiblichen Epidemie« ausgingen, bekämpft.[39]

Von der Zweckmäßigkeit öffentlicher Bedürfnisanstalten als einem Mittel zur Realisierung des Gesamtzieles – der Krankheitsverhütung durch Reinhaltung des Bodens – überzeugt, suchte die Stadtverwaltung nach Verbesserungsmöglichkeiten in Konstruktion und sanitärer Ausstattung dieser Einrichtungen. Die Böden wurden mit gerippten Gußeisenplatten versehen[40] und zur Abflußrinne hin leicht abgeschrägt[41]. Die Blechbeschläge ersetzte man durch Granitplatten, die mit Wasser aus perforierten Rohren bespült wurden[42]. Verfügten Pissoirs noch nicht über eine solche Wasserspü-

lung, bzw. zur Winterszeit, als das Wasser gesperrt wurde, da es sonst in den außen montierten Zuleitungen eingefroren wäre, wurden die Platten mit Öl behandelt. Dies sollte einen raschen Abfluß des Urins gewährleisten und so der Geruchsbildung vorbeugen.[43] Schließlich, 1912, wurden Urinalbecken anstelle der üblichen Rinnen installiert.[44]

Hinsichtlich der Bauweise brachte 1859 das Angebot eines Herstellers gußeiserner Pissoirs nach holländischem Muster eine Alternative in die Diskussion.[45] Das Stadtbauamt zeigte sich aufgeschlossen. »Die Anwendung von Gußeisen zu diesem Zwecke scheint entsprechend, da Holz… zu schnell marode wird und Stein schon deshalb nicht gewählt werden kann, weil dahier die Pissoirs aus übertriebenen Sittlichkeitsrücksichten sooft von ihrer Stelle vertrieben werden.«[46] 1865 äußerte das Amt schließlich die Absicht, künftig nur noch Häuschen aus Gußeisen aufzustellen.[47] Anders als das Holz nahm Eisen Geruch und Flüssigkeit nicht an und war besser zu reinigen. Zur Geruchsverhütung sollte ferner jedes der gußeisernen Pissoirs mit einer ständig laufenden Wasserspülung versehen werden. Vom hygienischen Standpunkt aus boten die Gußeisenmodelle also beträchtliche Vorteile, doch auch vom sittlichen: »Jedes Hineinsehen ist durch entsprechende Wände verhindert.«[48]

Magistrat und Gemeindebevollmächtigte gaben ihre Zustimmung, Pissoirs der neuartigen Konstruktionsart zunächst am Karlsplatz, Sendlinger-Tor-Platz und am Isartor-Platz einzusetzen.[49] Daß das Stadtbauamt intendierte, die Häuschen, zwar von Buschwerk umgeben, so doch an zentraler Stelle auf den belebten Plätzen zu postieren, wußten die Herren noch nicht, als sie ihre Zustimmung gaben. Das Kollegium der Gemeindebevollmächtigten äußerte denn auch heftige Bedenken gegen diesen Plan[50], den das Stadtbauamt jedoch dezidiert verteidigte. Die freistehende Position der Pissoirs reduziere die Möglichkeit einer Einsichtnahme aus oberen Stockwerken nahestehender Häuser, die für deren Bewohner ja eine Verletzung des Sittlichkeitsempfindens darstellen könne; sie verhindere ferner die oft beklagte Verunreinigung der Umgebung

eines Pissoirs, da sich die potentiellen Verursacher auf den belebten Plätzen nicht unbeobachtet fühlen könnten; und schließlich sei ein etwa bei Wassermangel eintretender Geruch für die nun ja nicht mehr unmittelbar benachbarten Anwohner weniger wahrnehmbar.[51] Auch auf spätere Beschwerden aus dem Kollegium entgegnete Stadtbaurat Zenetti scharf: »Wir ersuchen… den gewählten Platz, in welchem das Pissoir auch den Verkehr nicht stört, nicht weiter zu beanstanden.«[52]

Über zwanzig Jahre lang hatte das Stadtbauamt mit der Problematik der Situierung von Pissoirs gekämpft. Der ›Coup‹, sie nun inmitten frequentierter Plätze zu postieren, sollte die bisher populärsten Argumente der Beschwerdeführer entkräften. In Distanz zu umliegenden Wohnhäusern errichtet, konnten die Einrichtungen weder Nase noch Sittlichkeitsempfinden der Anrainer verletzen. Gleichzeitig appellierte die Situierung an exponierter Stelle an das Schamgefühl derer, die die Verrichtung der Bedürfnisse außerhalb anstatt innerhalb der Häuschen vornehmen wollten.

Die Installierung der Gußeisenpissoirs zentral auf belebten Plätzen bedeutete demnach nicht etwa eine stolze Präsentation der stadthygienischen Errungenschaft in der Öffentlichkeit. Sie war lediglich Antwort auf die bisherige Art des Umganges von Anwohnern und Benützern mit dieser Einrichtung.

Daß die Initiative des Stadtbauamtes an der negativen Einstellung, die man Bauten solchen Zweckes gegenüber hegte, wohl kaum etwas änderte, läßt die oben zitierte Verwaltungskorrespondenz aus dem Jahre 1909 ahnen. So ist denn zu erwarten, daß die Errichtung öffentlicher Bedürfnisanstalten, die zusätzlich mit Sitzaborten ausgestattet waren, deren Baukörper also ein weitaus größeres Volumen beanspruchte, zwangsläufig ebenfalls zum Problem wurde. Hier schlug das Stadtbauamt jedoch andere Wege ein. Daß diese Wege differenzierter waren und die Angebote zur Problemlösung aufwendiger, erklärt sich zu einem Teil daraus, daß die Stadt aus der Benützung der Sitzaborte Gebühren einnahm.

Im Jahre 1865 wurde die erste städtische Bedürfnisanstalt in München erbaut, die neben einem Pissoir auch Kabinen mit Sitzklosetts bot. Schon während der Errichtung des Holzbaues protestierte ein Anrainer lauthals gegen dessen Situierung vor seinem Haus: »Derjenige, welcher die Anordnung zu diesem Baue giebt, ist ein Schuft. Beim Magistrat sind lauter Lumpen und Esel.«[53]

Dabei hatten diese »Lumpen und Esel«, gerade bei der Planung der Bedürfnisanstalt am Maximiliansplatz als erster sogenannter Vollanstalt, auf größtmögliche Beachtung sittlicher und hygienischer Gebote gesehen. Im Kabinenbereich wurde streng auf die »Scheidung der Geschlechter«[54] geachtet, und vor dem Eingang des Pissoirs war eine Blendwand hochgezogen. Im Inneren des Pissoirs sollte zur Geruchsverhütung eine ständige Wasserspülung installiert werden. »Ein direkt in den Stadtbach geführter Kanal [sollte] den sofortigen Abfluß der Fäkalmassen«[55] gewährleisten.

Dieses Vorhaben der Fäkalienabschwemmung erwies sich jedoch als problematisch, da dem Kanal kaum Spülwasser zugeführt werden konnte. Man installierte hierzu zwar nachträglich eine Wasserzuleitung im ersten Stock des Gebäudes, doch die Beschaffung der nötigen Spülwassermengen erwies sich als zu teuer.[56] So wurde die Anstalt am Maximiliansplatz, ebenso wie die anderen sechs Vollanstalten, die im weiteren Bereich der Innenstadt bis 1894 eingerichtet waren[57] – eine davon übrigens im Rathaus[58] –, nach dem Tonnensystem entsorgt.[59] Man leitete die Fäkalien in Sammelbehälter, die sich in den Kellerräumen der Anstalten befanden. Waren sie gefüllt, wurden sie abtransportiert und durch neue ersetzt. Der Inhalt der Tonnen fand in der Landwirtschaft Verwendung oder wurde zunächst in Abortgruben entleert.

Die Kontrolle des Tonnenfüllstandes gehörte zum Aufgabenbereich der Toilettenwärterinnen. Sie hatten auch täglich zur Desodorierung Torfmull in die Klosetts zu geben und die Gasflammen zu entzünden, die der Geruchsverzehrung dienen sollten.[60] Jede Vollanstalt war mit einer Toilettenfrau besetzt. Sie war ständig im Gebäude anwesend und hatte neben den obenge-

nannten Aufgaben für die stete Reinhaltung der Anstalt zu sorgen, den Besuchern die Kabinen zuzuweisen und die Benutzungsgebühren zu kassieren. Die Höhe der Gebühr richtete sich nach der Einstufung der besuchten Kabine in die Kategorie erster oder zweiter Klasse. Die Kabinen erster Klasse besaßen eigene Waschbecken und Wandspiegel.[61]

Anders als Männer, denen in jeder Anstalt ein Pissoir zur Verfügung stand, hatten weibliche Besucher – wie auch heute noch – zunächst in jedem Fall für die Toilettenbenutzung zu zahlen. Diesem Umstand abzuhelfen, doch vor allem, um auch den zahlreichen mittellosen Frauen die Toilettenbenutzung zu ermöglichen, richtete man in den 1890er Jahren sogenannte Freiaborte ein[62]. Für ihren Besuch war keine Gebühr zu entrichten.

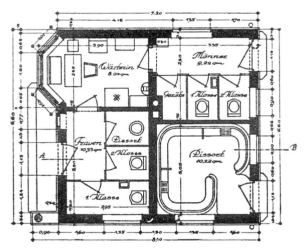

Obwohl in die Anstalt integriert, genossen die Freiaborte nicht die ständige Betreuung durch die Toilettenfrau. Diese hatte auch deren Benützerinnen nicht zu bedienen und war lediglich angehalten, die Toiletten bei auffallend starker Verschmutzung zu säubern.[63] 1901 waren in den 22 öffentlichen Vollanstalten insgesamt 18 Freiaborte installiert; 13 davon für Frauen und auch 5 für mittellose Männer.[64]

Die Stadtverwaltung sah ihren »guten humanitären Absichten«[65] jedoch nur »wenig dankende Anerkennung«[66] entgegengebracht. Es kam zu »ganz ungebührlichen Verunreinigungen der Frei-Cabinen, die von den Besucherinnen nur wie Wirtshaus-Abort letzter Klasse behandelt«[67] würden. Man erwog die Abschaffung der Freiaborte, zumal »bei dem bekannten Sparsinn der Frauen … mit der Zeit die Freiaborte auch von den besseren Ständen frequentiert«[68] würden, womit ein beträchtlicher Rückgang der Einnahmen zu befürchten wäre. Obwohl 1902 noch die Absicht formuliert wurde, in jeder Anstalt »bis auf weiteres 1 Freisitz für Frauen«[69] zu installieren, gab es im folgenden Jahr bereits vier derartige Kabinen weniger als im Jahr zuvor.[70]

Während man also die Freiaborte reduzierte, favorisierte man eine andere Lösung des ›Gleichstellungsproblems‹: das Damenpissoir zur kostenlosen Benutzung.

Mit derartigen Einrichtungen habe man in Hamburg bereits gute Erfahrungen gemacht.[71] Anfängliche Verunreinigungen sollten auf jeden Fall hingenommen werden, denn es sei zu erwarten, »daß das Publikum mit der Zeit den Wert solcher Einrichtungen in immer höherem Grade schätzen lernt. Das Publikum wird zu größerer Reinlichkeit erzogen, allmählich ein Interesse an der Erhaltung solcher Anstalten gewinnen und mit der Zeit auch durch gegenseitige Kontrolle eine Besserung in den Reinlichkeitsverhältnissen herbeiführen.«[72] Für die sanitäre Ausstattung der Damenpissoirs wurde eigens ein »Damenurinal« konstruiert – ein »sich nur 30 cm über dem Boden erhebendes Becken, … welches eine zwischen den Klosettschüsseln und Bidets das Mittel einhaltende Form besitzen soll … Ein Sitzbrett ist nicht vorgesehen.« Die Urinale sollten mit einer selbsttätigen Intervallspülung versehen werden.[73]

1906 wurden die Pläne realisiert. Allerdings erfolgte nicht, wie ursprünglich vorgesehen, die Errichtung eigens zu diesem Zweck bestimmter Gebäude oder die Bereitstellung von den Männerpissoirs vergleichbarer Räumlichkeiten in den Vollanstalten; es wurden lediglich die Toiletten in den Kabinen der Freiaborte gegen die neuartigen Damenurinale ausgetauscht. So fehlte denn auch die Sozialkontrolle, von der man sich eine Erziehung zur Reinlichkeit erhofft hatte. Nach sieben

Jahren wurden die Zustände in den Kabinen folgendermaßen beschrieben: »Nicht nur, daß der größere Teil der Besucherinnen der Pissorte die Notdurft verrichten, sondern sie beschmutzen in Ermangelung von Papier mit den Händen die Wände. Durch das Fehlen von Sitzgelegenheiten kommt es sehr häufig vor, daß die Kabinen mit Koth und Urin sehr beschmutzt wer-

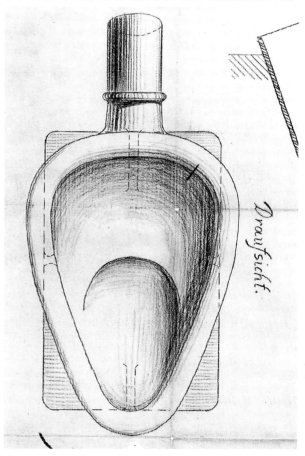

Draufsicht.

den. Auch sind manche Frauen, welche Kinder mitbringen so rücksichtslos, daß sie die Kinder infolge der fehlenden Sitzgelegenheit einfach auf den Boden setzen.«[74]

Die Konsequenz war die Abschaffung freier Abort- bzw. Urinalbenutzung für Frauen. Weibliche Besucher hatten fortan für jede Art der Toilettenbenutzung Gebühren zu entrichten. Glaubhaft mittellosen Frauen konnte der freie Besuch der Kabinen gewährt werden, wie dies auch bei mittellosen Männern der Fall war.[75] Der Mißerfolg, der dem Damenpissoir beschieden war, läßt sich vor allem auf das Fehlen einer Kontrollinstanz zurückführen. In den Pissoirs für Herren war diese durch anwesende Mitbenützer gegeben. Entfiel diese ›Aufsicht‹, kam es auch hier durchaus zu Verunreinigungen, auch gröbster Art.[76] Die Freiaborte für Frauen waren stets in Einzelkabinen installiert, die zudem nicht der ständigen Überwachung durch die Toilettenfrau ausgesetzt waren. Die Benützerin blieb ›anonym‹ und konnte für die Spuren, die sie hinterließ, nur schwer zur Rechenschaft gezogen werden.

Das Wissen um diese Verhältnisse im unbewachten Bereich der Bedürfnisanstalten trug verständlicherweise nicht gerade dazu bei, Anwohnern den Anblick der ohnehin suspekten Baulichkeiten sympathischer zu machen. Immer wieder gab es Querelen mit Hausbesitzern, die sich »nur schwer an öffentliche Bedürfnisanstalten in der Nähe ihrer Häuser gewöhnen [konnten und] häufig und mit Erfolg Protest« gegen die Errichtung einlegten.[77]

Im Jahre 1907 besaß München neben 53 Pissoirs[78] 22 mit Sitzaborten ausgestattete Vollanstalten.[79] Doch es war vor allem angesichts des stetig wachsenden Fremdenverkehrs die Anlage weiterer Anstalten geboten. So wies eine Bürgervereinigung aus dem Lehel darauf hin, daß sich in der Gegend ständig eine Vielzahl Fremder aufhalte, die »keine Ortskenntnis« besäßen. Zur Vermeidung »unbeschreiblicher Szenen, die sich vor den Augen der Anwohner hier manchmal abspielen«[80], sei die Errichtung einer Bedürfnisanstalt dringend notwendig. Die Münchner Neuesten Nachrichten fragten, warum es gerade in München solche

Widerstände gäbe, »welche ›Gefahren‹ denn solche Bedürfnisanstalten mit sich bringen... Mit der Aufrechterhaltung von Vorurteilen allein kann und darf man die großstädtische Entwicklung nicht hemmen: ... München ist eine Fremdenstadt ersten Ranges. Der Mangel an Bedürfnisanstalten aber ist einer solchen unwürdig.«[81] Lanciert hatte den Artikel der Verein zur Förderung des Fremdenverkehrs, der über Jahre hinweg um die Vermehrung der Anstalten kämpfte. »Gerade München [hat] mit seinem außerordentlich starken Fremdenverkehr allen Grund... derartige Anstalten in genügender Anzahl zu erstellen. Der Einhei-

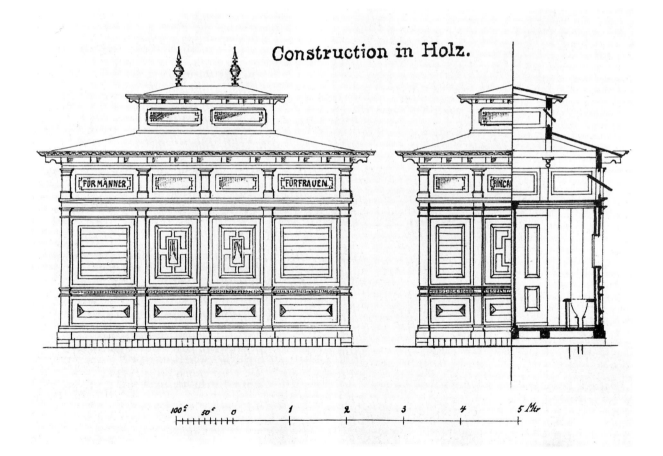

mische weiß schließlich, wohin er sich zu flüchten hat, weil er ortskundig ist; der Fremde jedoch nicht.«[82]

Die öffentliche Toilettenanlage konnte mit ihrer ständigen Betreuung durch die Wärterin, doch vor allem seit der Einführung der Schwemmkanalisation und des Spülklosetts vom hygienischen Standpunkt her kaum noch tatsächlich »Inkonvenienzen« für die Anwohner bereiten. Dennoch hielten die Proteste an, und sie kamen nicht nur aus den Reihen privater Hausbesitzer. Auch staatliche Behörden wandten sich gegen die Einrichtung solcher Anlagen in ihren Bauten, wie sie die Stadtverwaltung ja im Rathaus schon längst durchge-

führt hatte.[83] Das Innenministerium, das zu früheren Zeiten die Einrichtung öffentlicher Abtritte geradezu angemahnt hatte, verzögerte nun die Vergabe baupolizeilicher Genehmigungen für die Errichtung von Bedürfnisanstalten am Odeonsplatz, in der Ludwigstraße und am Promenadeplatz. Unter dem Hinweis, München dürfe sich nicht dem Vorwurf hygienischer Rückständigkeit aussetzen, boten die städtischen Kollegien sogar an, »für ein gutes ästhetisches Aussehen dieser Anstalten« oder deren unterirdische Anlage beträchtliche Mehrkosten zu investieren.[84]

Hiermit waren einige Maßnahmen angesprochen, in welchen die Stadtverwaltung eine Möglichkeit sah, den heiklen Bauten doch noch Akzeptanz zu verschaffen bzw. die Existenz der stadthygienischen Einrichtung zu sichern.

Die Einrichtung an sich wurde ja durchaus geschätzt. Über mangelnden Besuch hatten gerade die Anlagen in der Innenstadt nicht zu klagen[85]. Auch ihre Notwendigkeit im Sinne der Stadthygiene war unbestritten. Man wollte die Einrichtung. Man wollte sie jedoch nicht sehen, nicht mit Bauten derartiger Funktion im Straßenbild konfrontiert sein.

So sah die Stadtverwaltung denn einen Weg zur Problemlösung in der Tarnung der Anstalten[86]. Dies geschah durch Situierung an kaum exponierter Stelle — vor allem wurde die Tarnung mit architektonischen Mitteln bewerkstelligt. Bei der Planung der steinernen Neubauten wurden alle Merkmale vermieden, die auf die Funktion des Gebäudes verwiesen. Es ist auch kein Formenschatz oder Architekturstil erkennbar, der etwa nur bei der Errichtung von Bedürfnisanstalten zur Anwendung gekommen wäre und dadurch die Identifizierung des Zweckbaus ermöglicht oder erleichtert hätte. Die Vielfalt der architektonischen Kleider, die man für die Einrichtung fand, ist auffällig. So konnte sich ein fachwerkgeschmücktes Landhäuschen ebenso als Bedürfnisanstalt entpuppen wie ein schmalbrüstiges Gebäude, das auch als Wohn- oder Wassertürmchen hätte durchgehen können. Genausogut konnte sich die Anstalt jedoch in einem von außen als Kapelle identifizierbaren Bauwerk verstecken. Ein Ventilationskasten verkleidete sich als Glockentürmchen, Efeu umrankte die Lüftungsklappen.

Die Wahl der Stilformen in der eklektizistischen Architektur der Jahrhundertwende richtete sich danach, welcher Epoche man das Gebäude oder dessen Funktion zuordnete. Ausschlaggebend war hierbei die Konnotation, die man einem Architekturstil, und damit auch seiner Zeit und Region, beimaß.

In bezug auf die Gestaltung freistehender Bedürfnisanstalten wurden nun durchweg — und das ist das einzige, das ihrer Architektur gemeinsam war — Stil- und

Bauformen gewählt, die die Konnotation des »Einfachen«, d. h. des Ländlichen oder Asketischen trugen. (Auch die Bedürfnisanstalt an der Theresienwiese verfügt nur deshalb über ein neoklassizistisches Portal, weil sie nachträglich in den Räumen eines Brausebades, eines ›Tempels der Reinlichkeit‹ installiert wurde.)

Weitere signifikante gemeinsame Merkmale gab es nicht. Der Benützer benötigte ein bestimmtes Vorwissen zur Identifizierung des Gebäudes. Das Erkennen sollte daher durch die Aufschrift »Öffentliche Bedürfnisanstalt« erleichtert werden.[87] Die Schrift war allerdings meist wiederum sehr unauffällig gestaltet und überdies manches Mal an schwer einsehbarer Stelle montiert.[88]

Die Wahl von Stilformen repräsentativen Charakters kam also für die Gestaltung freistehender öffentlicher

Bedürfnisanstalten nicht in Frage. Anders als beispielsweise in Frankfurt, das Bedürfnisanstalten in gußeiserner Umhüllung mit dem Barock oder der Renaissance entliehenem Ornamentschmuck präsentierte, galt für München vor allem das Gebot der Unauffälligkeit — bis hin zu einer überaus dezenten Art der Beschriftung.

Doch es gab auch andere Möglichkeiten, die Anstalten unauffällig anzulegen. Um »die Bestimmung der Baulichkeiten etwas mehr in den Hintergrund treten zu lassen«, wurden »die Bedürfnisanstalten mit anderen öffentlichen Einrichtungen unter einem Dach vereinigt«.[89] In der Kombination mit Straßenbahnwartehallen oder Verkaufsläden für Zeitungen, Tabak oder Blumen konnten die Gebäude nun in auffälligerem Stil errichtet werden und dienten vereinzelt sogar dazu, stadtbaulich Akzente zu setzen. Der neubarocke Kioskbau am Karlsplatz war solch ein Beispiel. Am Sendlinger-Tor-Platz entstand ebenfalls ein repräsen-

tativer Kiosk mit Bedürfnisanstalt, und auch der Pavillon am Stiglmaierplatz war originell und durchaus nicht unauffällig gestaltet.

Von den Funktionen, die diese Kleinbauten in sich vereinigten, wurden die gesellschaftlich goutierten, ›unproblematischen‹ zum formgebenden Merkmal. Für die Besucher wurden sie auch zum signifikanten Merkmal. Man hielt primär nicht nach einer Bedürfnisanstalt Ausschau, sondern etwa nach einer Trambahnwartehalle. Dort konnte man dann oftmals mit dem Vorhandensein einer öffentlichen Toilette rechnen.

Möglichkeit zur Tarnung öffentlicher Toilettenanlagen bot auch deren Einbau in Unterfahrten, Mauern und dergleichen. Das »Programm zur Erbauung von Bedürfnisanstalten« von 1902 schrieb vor: »Bei Projektierung gemeindlicher Bauten an verkehrsreichen Plätzen und Straßen ist zu berücksichtigen, ob im Gebäude selbst oder in der Umfassungsmauer eine ... Bedürfnisanstalt einzubauen ist.«[90] Daß auch dies auf die dezenteste Weise zu geschehen hatte, war geboten. So wurden z. B. die öffentlichen Toiletten in der Umfriedungsmauer der Schule am Elisabethplatz, die ihr Architekt Theodor Fischer zunächst an der dem Platz zugewandten Seite anlegen wollte, in die Südseite der Mauer verlegt.[91]

Eine Errichtung von Gebäuden, die ausschließlich als Bedürfnisanstalten fungierten, schien in München nur an abgelegener Stelle und in unauffälliger Stilgebung möglich. Die Zusammenlegung mit Räumlichkeiten von eher vermittelbarer Funktion erweiterte das Spektrum der architektonischen Stilformen sowie der Situierungsmöglichkeiten. Wo eine Funktionskombination nicht realisierbar war, ging man zur Installierung der Einrichtungen in Umfriedungsmauern gemeindlicher Bauten oder in Unterführungsmauern über. Diese Maßnahmen sollten dazu beitragen, die Existenz der Anstalten zu sichern und dem Protest etwaiger Kontrahenten die Begründung zu entziehen.

Die unauffälligste Bedürfnisanstalt ist jedoch die, die man nicht sieht. Das Ideal war in der Tat, die Bedürfnisanstalt als dem Ansehen und der Hygiene der Stadt dienliche Einrichtung beizubehalten, sie aber im Dienste des sittlichen und ästhetischen Empfindens der Stadtbevölkerung unsichtbar und unriechbar werden zu lassen. So betrieb der Magistrat die kostspielige Verlegung der Anstalten in den Untergrund. Auch den Kioskbauten und Wartehallen wurden sie teilweise unterirdisch angegliedert.[92]
Der Sprung in die Gegenwart verdeutlicht, daß mit dem Beginn des U-Bahn-Baues im Vorfeld der Olympiade des Jahres 1972 ihre endgültige Verdrängung

eingeleitet wurde. Neue öffentliche Bedürfnisanstalten werden heute, wenn irgend möglich, ausschließlich unterirdisch angelegt. Im Stadtbild sind sie nur noch in Form dezent blauer Schilder präsent.
Sicher ist die Anlage von Bedürfnisanstalten in U-Bahnhöfen praktisch begründbar: Sie ist mittlerweile billiger als die oberirdische auf wertvollem Baugrund, die Instandhaltung ist einfacher zu bewerkstelligen und die Situierung an Knotenpunkten öffentlicher Verkehrsmittel günstig.
Doch sind es tatsächlich ausschließlich praktische Gründe, die zur völligen Abdrängung dieser Einrichtungen unter die Erde führten?
Eines jedenfalls ist auffällig: Man hat bis in die Gegenwart kein signifikantes ›Design‹ für Bedürfnisanstalten gefunden; ja, man hat gar keines gesucht. Im Gegensatz zu Telefonzellen oder Unterständen an Haltestellen öffentlicher Verkehrsmittel erhielt die Bedürfnisanstalt nie eine von außen kenntliche, zeichenhafte und auch aus der Distanz identifizierbare Form. Nicht einmal die Hinweisschilder, wie wir sie heute haben, sind farblich oder von der Form her so akzentuiert, daß sie ins Auge fallen würden.

»Aus den Augen, aus dem Sinn« – es war vor allem der Geruchssinn, mit dessen Verletzung gegen die Bedürfnisanstalten argumentiert wurde. Da anzunehmen ist, daß die Stadt vor Beginn der Sanierungsmaßnahmen ihren Bewohnern eine ebenfalls nicht gerade angenehme Geruchspalette geboten haben muß, fragt sich, wo diese neue Sensibilität herkam.
Corbin stellt als historische Tatsache fest, daß von der zweiten Hälfte des 18. Jahrhunderts an die Geruchstoleranz nachließ.[93] Es könnte sich hierbei um eine Popularisierung der Miasmentheorie der Hygieniker handeln, die übelriechende Fäulnisgase als Krankheitserreger erkannt zu haben glaubten.
Die Hygienebewegung beeinflußte bzw. markierte insgesamt tiefgehende Kulturveränderungen. Ihre Wertorientierung veränderte nicht nur das Gesicht des öffentlichen Raumes. Norbert Elias weist darauf hin, daß spezifische Zivilisationsstrukturen zugleich als Produkt

und als Hebel im Getriebe gesellschaftlicher Prozesse zu sehen sind[94], wobei die zivilisatorische Transformation nie bloß außerhalb des Menschen stattfindet. »Hier handelt es sich um Gestaltwandlungen des ganzen Seelenhaushalts durch alle seine Zonen von der bewußteren Ichsteuerung bis zur völlig unbewußt gewordenen Triebsteuerung hin.«[95]

So konnte die Ideologie der Hygieniker auch an einer »Veränderung des Sozialcharakters«[96] mitwirken. »Durch verstärkte Sauberkeitserziehung ändert sich die Haltung zur Umwelt«[97]; es ändert sich also die Haltung zum Raum, zu anderen Menschen, jedoch auch die Haltung des Individuums zur eigenen Person. Ziel und Mittel der Reinlichkeitserziehung ist, Sigmund Freud zufolge, die Projektion von Ekelgefühlen auf die eigenen Ausscheidungen sowie – und hier reüssiert sie in besonderem Maße – die Ausscheidungen anderer.[98] Die »Reinlichkeitsdressur« züchtet überdies »Schamhaftigkeit, Prüderie in körperlichen Dingen, Kontrolliertheit… als menschliche Eigenschaften«[99]. So wird neben dem Ausscheidungsgeruch die Möglichkeit einer Verletzung des Sittlichkeitsempfindens zum Argument gegen den öffentlichen Abort.

Daß die öffentliche Bedürfnisanstalt nicht etwa als eine Institution, die der Reinlichkeit dient, geschätzt wird, liegt zum Teil daran, daß sie auf direkte Weise mit ekelbesetzten geruchlichen oder optischen Manifestationen der Ausscheidung anderer konfrontieren kann. Es genügt offenbar bereits das bloße Wissen um die Zweckbestimmung eines solchen Gebäudes, um Vorbehalte entstehen zu lassen. Sein Zweck reduziert den Menschen in zu offensichtlicher Weise auf einen Produzenten von Ausscheidungsstoffen, die im öffentlichen Bereich der Tabuisierung unterliegen. Ekel- und Peinlichkeitsgefühle bezüglich des Zweckes der Einrichtung werden auf das Gebäude projiziert, in dem sie untergebracht ist.

Daher, als ultima ratio, ihre Verlegung in den Untergrund. Denn: »Sauber ist oben und hier. Schmutzig ist häßlich und anderswo. Sauber ist doch das Wahre, schmutzig ist unten und übel.«[100]

WC
Im S-Bahnhof
Isartorplatz

54

»Alles stahlfest«
Zu Art und Gestaltung der Innenausstattung

Schirmhalter, Spucknapf, Kleiderbrett mit Haken, ein Waschbecken, darüber eine Ablage mit Handläufer und ein Spiegel, Handtuch, eine Toilette mit Holzsitz, ein Haken für Papierrosetten und in der Herrenabteilung eine Zigarrenablage: die Ausstattung der Kabinen I. Klasse in den Münchener Bedürfnisanstalten um die Jahrhundertwende bot alles, was zu einer bequemen und befriedigenden Verrichtung der Bedürfnisse vonnöten war.[101] Dennoch waren die Herrschaften unzufrieden. Die Qualität des dargebotenen Papieres entsprach nicht ihren Ansprüchen. Auf diverse Beschwerden hin, man erhalte »von den Wärterinnen nur ein paar Blätter hartes, meistens bedrucktes Papier«[102], entschloß sich die Stadtverwaltung 1907 zu einer versuchsweisen Einführung weichen Klosettpapiers in den Bedürfnisanstalten.[103] Nun stand man jedoch vor der Entscheidung, geschnittenes Papier zu verwenden, das einem Holzkästchen durch einen Schlitz entnommen werden konnte oder der Papierrolle nach englischem Patent den Vorzug zu geben.[104] Angesichts einer »allgemeinen Verschwendung und üblichen Mitnahme von Closetpapier in unseren öffentlichen Aborten«[105] entschied man sich gegen das Kästchen, das der Verschwendung noch Vorschub leiste. Es spende »bei etwas stärkerem Anziehen mehr Papier als nötig, das dann entweder mitgenommen oder auf den Boden geworfen«[106] werde. So hielt das Rollenpapier, Marke »Münchener-Kindl-Closet«[107], in den Bedürfnisanstalten Einzug. 1909 war jede Anstalt mit einem Rollenautomaten ausgestattet.[108] Zur Auflage war jedoch gemacht worden, die Konstruktion der Rollenhalter vor der Montage zu verändern. Sie sollten »zur möglichen Vermeidung von mutwilligen Beschädigungen mit besonderen Verschlüssen« versehen werden.[109]

Die Entscheidung, anstelle des geschnittenen Papieres die Rolle in den Bedürfnisanstalten einzuführen, basierte also auf den bisherigen Erfahrungen mit dem Benützerverhalten. Die Praxis, Papier auf dem Boden liegen zu lassen oder mitzunehmen, ließ eine Verwendung des teuren Kästchenpapiers zu kostspielig erscheinen. Das Benützerverhalten beeinflußte auch die Gestaltung des Rollenhalters, dessen Konstruktion für den Einsatz in der Bedürfnisanstalt verändert wurde.

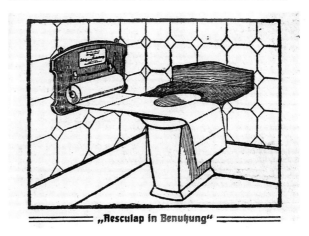

»Aesculap in Benutzung«

Betrachtet man nun die Konstruktion von Rollenhaltern in den Bedürfnisanstalten der Gegenwart, so läßt sich erahnen, daß die Problematik gleichgeblieben ist. »Das Papier ist geklaut worden und die Halter«, erinnert sich ein Mitarbeiter der Stadtverwaltung an die Situation in den 1970er Jahren. »Da hab ich mir ein neues Patent ausgedacht. Das war eine Eisenplatte, ungefähr 3 mm stark, vier Löcher drin. Da hab ich ein 20-mm-Rundeisen draufgeschweißt und gebogen... Und vorne war eine Platte dran, die war mit einer Inbusschraube festgeschraubt, damit die Rolle nicht

Schutzvorrichtung
für Aborte gegen Krankheitsübertragungen.
═══ D. R. Patent a. ═══

Der Abort bisher
als Krankheitsverbreiter

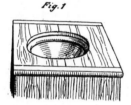

Fig. 1

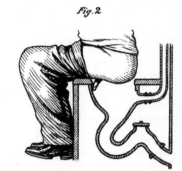

Fig. 2

Ein Benutzungs-
Beispiel,
wie bisher die
Krankheiten
weiterverbreitet
wurde

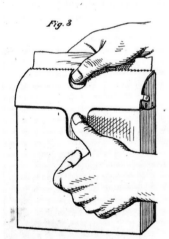

Fig. 3

Wie die Schutzvorrichtung
gehandhabt wird

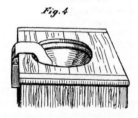

Fig. 4

Der Abort mit
Schutzvorrichtung

Fig. 5

Ein Benutzungsbeispiel
mit Schutzvorrichtung

Generalvertrieb: Lemu-Zentrale
Inh.: L. MUCK
München, Dachauerstrasse 31.

rausgeht.«[110] Ständige Diebstahls- und Beschädigungsversuche haben diesem Ausstattungsstück somit die jetzige Form und Ästhetik gegeben.

Die Innenausstattung von Bedürfnisanstalten unterlag und unterliegt stetiger Veränderung. Die Einführung fortgeschrittener Sanitärtechnik oder anderweitige Modernisierungsmaßnahmen können hierbei eine Rolle spielen; doch vor allem ist es der Umgang der Besucher mit der Ausstattung, der direkt oder mittelbar Veränderungen herbeiführt. Die Akzeptanz, die ein Angebot beim Publikum erfährt, entscheidet über Verbleib oder Abschaffung. Dies kann z. B. für den Bereich der

Hygieneartikel wie Seifen-, Damenbinden- oder Kondomautomaten bis hin zum Angebot sog. »Klosettschutzdecken« festgestellt werden.[111] Angesprochen ist jedoch vor allem die Verunreinigung, Beschädigung oder der Diebstahl von Teilen des Inventars, die ein veränderndes Eingreifen der zuständigen Instanzen herausfordern. Ist ein Ausstattungsstück ständiger Beschädigung ausgesetzt, so wird es entweder in einer widerstandsfähigeren, veränderten Form ersetzt oder aber völlig entfernt.

Über einem Waschbecken fehlt der Wasserhahn. »Den haben wir wegmontieren lassen«, lautet die Auskunft des zuständigen Referatsmitarbeiters. »Da legen die immer was in den Gully, dann wird aufgedreht, und das Wasser läuft in die Kabinen rein.«[112] Wandspiegel? »Die werden bloß immer einen Tag alt.«[113] Ein pensionierter Kollege berichtet: »Zum Baureferat haben wir damals gesagt: Spiegel brauchts überhaupt keine mehr reinmachen.«[114]

Die »gegen eventuelle Beschädigungen«[115] angebrachte Blechverkleidung der Spülrohre in den Pissoirs der Jahrhundertwende, die Verzögerung des Einbaues von Schamwänden aus der Befürchtung, »daß diese Scheidewände durch rohe Hände beschädigt oder vollständig demoliert werden«[116], die Entscheidung, Keramikurinale vorerst nicht zu installieren, »da das Publikum in seiner Mehrzahl nach leider gemachten Erfahrungen mit den öffentlichen Einrichtungen sehr roh umgeht«[117], oder der Beschluß, hölzerne Zwischenwände und Türen der Kabinen durch solche aus Metall zu ersetzen, wie dies gegenwärtig der Fall ist: Ausstattungsentscheidungen sind stets geprägt von Erfahrungen und Überlegungen bezüglich des Benützerverhaltens. Und diese Erfahrungen scheinen zu lehren, daß das Benützerverhalten oftmals stark destruktiv orientiert ist.

Eines fällt beim Durchsehen der Akten allerdings auf: Im von der Toilettenfrau betreuten Bereich kamen Beschädigungen offenbar kaum vor.[118] Auch heute sind sie dort, wo eine Wärterin Dienst tut, selten.[119] Seit in den städtischen Bedürfnisanstalten die soziale Kontrolle durch die Anwesenheit der Toilettenwärterin entfiel, gehört denn auch die Feststellung von Beschädigungen und Diebstahl zur Tagesordnung. Das Repertoire des Vandalismus reicht von der Zerstörung von Schlössern bis zur Demolierung von Türen und Waschbecken.[120] Hinzu kommt, daß sich zur Beschriftung der Türen mit Sentenzen und Meinungsäußerungen, deren Lektüre manches Mal sogar Spaß bereiten mag, mittlerweile eine andere Art von Toilettengraffiti gesellte. Die großflächige Dekoration durch sogenannte »tags«, d. h. stilisierte Namenszüge der Schreiber, findet man auf Türen, Wänden, vereinzelt sogar an den Decken der Räume.

Setzen wir einmal ein Aggressionspotential voraus, das sich im öffentlichen Raum ausagieren will, so fragt sich doch, warum gerade Bedürfnisanstalten so häufig als Ziel der Destruktionsarbeit gewählt werden.

Auf einen etwaigen Zusammenhang zwischen der Demolierung sanitärer Einrichtungen und dem gesellschaftlich verordneten Selbstzwang zur Verdrängung analer oder koprophiler Triebe hinzuweisen, wäre vielleicht originell, doch etwas weitgegriffen.

Das Stadtbauamt gab 1909 die Begründung: »Ein sehr großer Teil des Publikums besitzt... nicht den wünschenswerten Respekt vor fremdem Eigentum.«[121] Eine andere Erklärung liefert Siegfried Müller, allerdings in bezug auf Toilettengraffiti: »Im geschützten Raum der Anonymität kann man ›die Sau rauslassen‹, ohne als solche öffentlich stigmatisiert zu werden.«[122] Sicher sind beide Aspekte relevant. Im von sozialer Kontrolle weitgehend freien Raum der Bedürfnisanstalt oder gar in der abgeschlossenen Kabine ist die Gefahr der Entdeckung gering. Auch könnte die Anonymität des Geschädigten eine Rolle spielen. »Öffentliches« Eigentum hat keinen als Person identifizierbaren Besitzer. Das Bewußtsein, »nur« ein abstraktes Gebilde wie »die Stadt«, zu schädigen, erleichtert das Tun.

Auf seiten der Stadtverwaltung hat man längst aufgegeben, die Ursachen der Destruktivität zu ergründen: »Das ist echt schlimm, aber wahrscheinlich das Problem jeder Großstadt.« Oder, wie es der pensionierte Mitarbeiter formuliert: »Darüber hab ich mir nie den Kopf zerbrochen, weil – mir hat er g'stunka.«[123]

Durch den brutalen Umgang mit dem Inventar werden, wie wir gesehen haben, spezifische Reaktionen der Anstaltsbetreiber hervorgerufen. In dieser Wechselwirkung formt sich schließlich eine Minimalausstattung aus, deren Ästhetik selbst brutal ist; »alles stahlfest«, wie eine Toilettenfrau treffend bemerkt.[124] Die Frage ist, ob eine Umgebung von derartig »martialischem« Charakter nicht mittlerweile selbst den brutalen Umgang mit ihr herausfordert, dem sie widerstehen soll.

Auch das Baureferat der Stadt sieht die Zeit für eine Veränderung der lediglich auf Abwaschbarkeit und Beschädigungsresistenz ausgerichteten Ausstattungsweise gekommen. Diese Kriterien bleiben zwar Gebot, jedoch versucht man, bei der Modernisierung der Anstalten eine Art »neue Wohnlichkeit« einziehen zu lassen. Ob holzverschalte Decken oder farbliche Akzente in Fliesenwänden allerdings der Destruktivität Einhalt gebieten – die Zeit wird es zeigen.

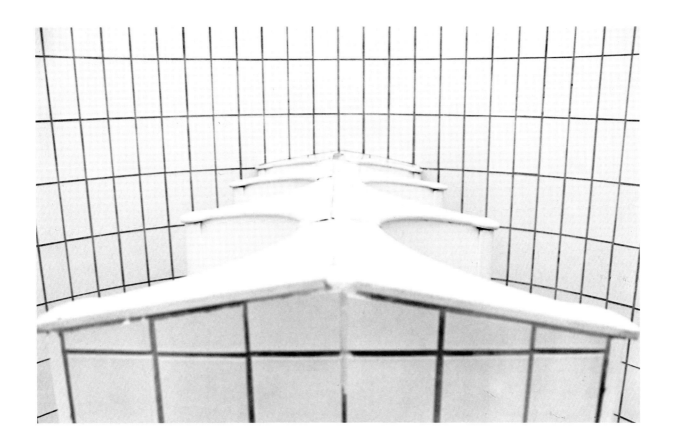

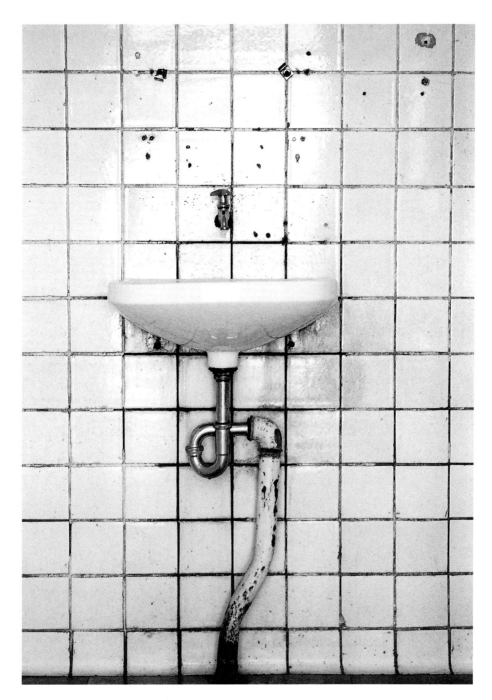

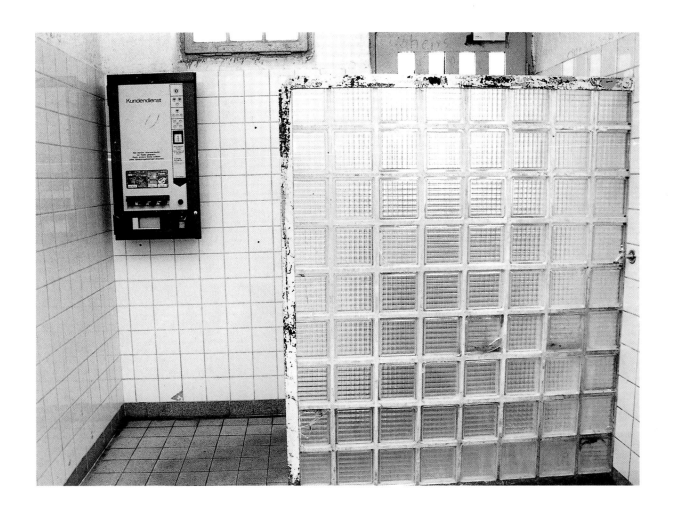

NUR FRISCH GEKÄMMT
SIND WIR WIRKLICH FREI

FICK DICH SELBST
SONST FICKT
DICH GOTT

Als ich noch jung & hübsch war
frisch & knackig drüssah
nimmer meinen Körper schönte
und bei meinen Eltern wohnte...

Strauß Du Gangster
bald bist Du weg vom Fenster!
Kommt Zeit, kommt Rat
Kommt Attentat!!

MADRID

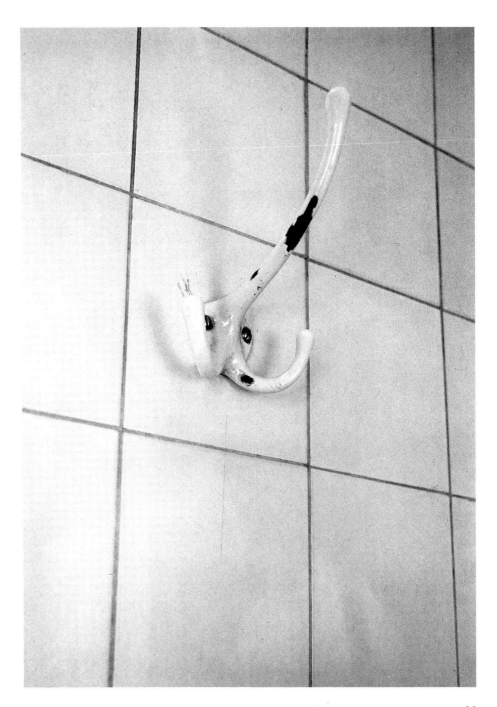

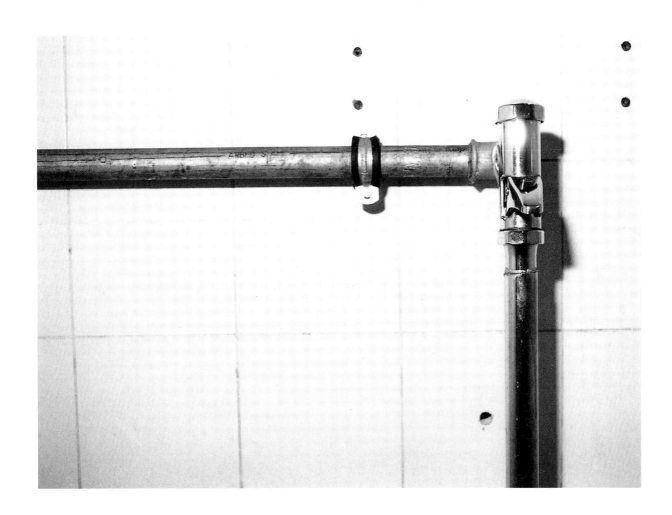

»Mit einer Hand hältst dir den Magen fest«

Aus einem Interview[125]

»Am schlimmsten ist es mit den Betrunkenen. Wenn ich klopfe, daß die nächsten Kundschaften reinkönnen: ›Du Nutt'n, du alte Hure, du alte Schnall'n.‹ Wissen S', der ganze Umgang da drinnen den ganzen Tag – ich bin sowas nicht gewohnt. Ich hab früher auch was anderes gemacht. Nicht Toilettenfrau. Ich war als Reinigungsfrau. Aber jedenfalls die Frechheiten, die kenn ich net, was ich da am Bahnhof krieg.

Und dann die schönen vollgeschissenen Toiletten, die Fliesen, alles hinten runter und der ganzen Boden bis hinten. Wissen S', da dreht sich doch Mund und Magen! Und das muß ich dann putzen. Und wenn ich einen erwische und sag: ›Gell, jetzt putzt du das hier weg oder du bezahlst mir zehn Mark‹, – na hat der net amal a Zehnerl im Geldbeutel. Und putzen tut er's auch net. Was machst du dann? Die ham auch schon zu mir gesagt: ›Du wennst net ruhig bist, dann kriegst amal a Fotz'n. Dich wart ich draußen mal ab.‹ Sowas hamma auch schon gehabt.

Ich sag oft, ich wundere mich da selber, daß ich das überhaupt machen kann. Mit einer Hand hältst dir den Magen fest und mit der anderen Hand machst du's. Das ist ja das erste Mal, wo ich Toiletten mach. Mein Gott, ich hab gedacht das erste halbe Jahr, das kann ich nie machen, nie! Ich bin's gewöhnt zu arbeiten. Aber hier lauf ich und renn hin und her und mach und tu und sehe von meiner ganzen Arbeit nichts. Wissen Sie, Toilettenfrau – ja, freilich –, was sind schon Toilettenfrauen. – Sagen wir mal so: Ich nehme ja an, daß die meisten das auch schon zum Fleiß machen, so vollmachen alles. Um uns zu ärgern. ›Ach, a Toilettenfrau.‹ – Mußt halt alles in Kauf nehmen.«

»Die Wärterin hat gegen das verkehrende Publikum stets ein höfliches und anständiges Benehmen zu beobachten.«

Zu Arbeitsbedingungen und Arbeitswelt der Wärterinnen städtischer Bedürfnisanstalten in München, 1865 bis ca. 1920

»Geboren im Jahre 1831 als die Tochter des über 40 Jahre in hiesigem kgl. Hoftheater verwendeten Schneiders Diehl, wurde ich von meinen Eltern angehalten mir durch Weißnähen mein Brod zu verdienen, damit ich Niemand zur Last falle. Dies gelang mir auch bis zur gegenwärtigen Zeit, doch nun zeigt sich, daß meine Augen in Folge des vielen Nähens so geschwächt sind, daß ich, um meinen Lebensunterhalt zu fristen, mich um einen weiteren Erwerb umsehen muß. Da ich körperlich ganz gesund bin, könnte ich die Stelle... ganz gut versehen und stehen mir auch Empfehlungen von Seiten verschiedener Familien zu Gebote, falls über meine Ehrlichkeit und Brauchbarkeit Erkundungen eingezogen werden sollen.

Ich erlaube mir daher die allerunterthänigste Bitte, Hochlöblicher Magistrat möge mir gütigst eine solche Stelle verleihen und unterzeichne in der Erwartung, daß meine Bitte gnädigst erhört wird, unterthänigst ergeben   Isabella Geiger.«

Isabella Geiger gab in ihrer Bewerbung vom 12. Dezember 1887[126] vier Referenz-Adressen an, darunter die einer Gräfin, einer Baronin und eines Magistratsrates. Tatsächlich wurden bei diesem Erkundigungen eingeholt. Die Bewerbung hatte Erfolg: Sieben Jahre später findet sich der Name Isabella Geiger in den betreffenden Akten wieder.[127]

Die Stellung, um die sich die Frau beworben hatte, war die einer Wärterin in einem öffentlichen Abort.

Etwa 100 Jahre lang, bis in die 60er Jahre unseres Jahrhunderts, wurden die städtischen Bedürfnisanstalten in München von ständig anwesendem Personal versorgt. Es waren fast durchweg Frauen, die zu dieser Arbeit herangezogen wurden. Der Arbeitsplatz in der Bedürfnisanstalt war ein Frauenarbeitsplatz.

Das soziale Prestige, das eine Beschäftigung als »Klofrau« bietet, ist denkbar gering. Dies ist in der Gegenwart der Fall[128], kann jedoch auch und gerade für eine Zeit – und eine Stadt – angenommen werden, in der der bloße Anblick einer Bedürfnisanstalt als Verletzung des Sittlichkeitsempfindens deklariert werden konnte.[129] Es ist kaum denkbar, daß ein solches Distanzierungsbedürfnis nicht auch auf diejenigen ausgedehnt wurde, die in den Anstalten ihre Arbeit taten.

Als Beispiel sei hier nur der Schriftsatz eines Rechtsanwaltes aus dem Jahre 1898 zitiert. Der Anwalt nimmt darin Stellung zur Schuldfrage an einem Streit zwischen seiner Mandantin, einer Kunstverlegers-Gattin, als zahlungsunwilliger Benützerin eines öffentlichen Abortes und der dort tätigen Wärterin: »Es braucht keine lange Erörterung, daß der Vorfall nur von der Abortfrau provoziert sein *kann*. Es wird Niemandem, am wenigsten einer Dame beikommen, sich mit einer Person, die zur Reinhaltung der Abtritte angestellt ist, in eine Unterhaltung oder gar in einen Streit einzulassen. Wenn es zu diesem erregten und peinlichen Auftritte kam, so *muß* die Ursache von der Wärterin ausgehen.«[130] Die Unschicklichkeit einer über das Notwendigste hinausgehenden Kommunikation mit sozial Niedrigstehenden – in bezug auf den Umgang mit einer Toilettenfrau wird sie zur Undenkbarkeit. Daß dieser Hinweis dem Anwalt ausreichend erschien, auch ein Gericht von der Schuld der Abortfrau zu überzeugen, läßt ahnen, mit welch niedrigem sozialen Status der gesellschaftliche Konsens diese Frauen ausstattete.

Der Name des Anwalts war übrigens Dr. Ludwig Thoma. Als Schriftsteller schätzt man ihn noch heute ob der beißenden Kritik, die er in seinen Werken an gesellschaftlichen Moral- und Wertvorstellungen übte.

Der Frage, was eigentlich die Frauen dazu veranlaßte, die Arbeit in der Bedürfnisanstalt zu leisten, soll im folgenden nachgegangen werden. Im Rahmen der Zeitspanne von der erstmaligen Verpflichtung einer Wärterin für eine städtische Bedürfnisanstalt in München bis zur Aufnahme der Wärterinnen in den Lohntarif – Vertrag für städtische Arbeiter 1919 – sollen die Bedingungen beschrieben werden, die ihren Arbeitsalltag konstituierten, die Art ihres Dienstverhältnisses und die Aufgaben, die sie zu erfüllen hatten. Dies macht auch deutlich, wie sie mit ihrer Situation umgingen und wie mit ihnen umgegangen wurde.

Im Jahre 1865 nimmt die erste Abortwärterin an einer städtischen Bedürfnisanstalt in München ihren Dienst auf. Am 2. August informiert das Stadtbauamt den Magistrat: »Der öffentliche Abtritt am Maximiliansplatze geht seiner Vollendung entgegen. [Man hat,] da der Abtritt nicht unbewacht bleiben kann, ein Weib aufgestellt, das gegen Taglohn den Dienst versieht.«[131] Den Instruktionen zufolge, die für das Arbeitsverhältnis verfaßt wurden, hatte die Frau »ständig im Abtrittgebäude anwesend zu sein«, »die Closets nach jeder Benutzung zu reinigen und die am Äußeren des Abtrittes angebrachten 2 Pißoirs, so oft dieß nöthig ist, sauber auszukehren und auszuwaschen«. Ihr Arbeitstag begann mit Tagesanbruch und endete um 8 Uhr abends. Verhaltensregeln schließen die Instruktionen ab: »Die Wärterin hat streng die angeordnete Scheidung der Geschlechter bei Benutzung der Abtritte zu überwachen und allen den Abtritt benützenden Personen mit Höflichkeit entgegenzukommen.«[132]

Wie hoch die Bezahlung war, die die Frau erhielt, erfahren wir nicht. Sie durfte, zusätzlich zu ihrem Taglohn, die Gebühren aus der Benutzung der Abtritte für sich behalten. Auch war es ihr erlaubt, sich die Aushändigung »weichen Papiers«, das sie allerdings selbst zu beschaffen hatte, entgelten zu lassen.[133]

Viel konnte es nicht sein, was die Wärterin verdiente, denn auf eine Anfrage des Magistrates vom November 1865, ob die »Weibsperson an Eintrittsgebühren nicht soviel einnimmt, daß ihr Taglohn eingespart werden könnte«[134], antwortete das Stadtbauamt, die Gebühreneinnahme mache nicht mehr aus als eine »Zulage zum ohnehin niedrigen Taglohn«[135].

Nach den Vorstellungen des Magistrates sollte die Finanzierung der Arbeitskraft allein aus den Gebühreneinnahmen möglich sein. Aus diesem Grunde hatte er das Arbeitsverhältnis auf den Zeitraum befristet, »bis sich eine Person findet, welche den Dienst unentgeltlich versieht«[136]. Nachdem jedoch auch im folgenden Jahr keine Änderung der Situation eingetreten war, gab man den Gedanken auf. Erst in den 20er Jahren unseres Jahrhunderts wurde mit dem Angebot der Verpachtung unrentabler Anstalten an die Wärterinnen wieder eine ähnliche Konstruktion erprobt.[137] Bis dahin hielt man generell an der Anstellung auf Taglohnbasis fest, wobei die Wärterinnen die Gebühreneinnahmen jedoch an die Stadtkasse abzuführen hatten. Putzmaterialien und Brennholz mußten sie selbst beschaffen, sie erhielten dafür aber eine Kostenentschädigung. Auch für das Waschen und Flicken der Handtücher gab es eine Zulage. Ohne Bezuschussung durch die Stadtverwaltung hatten die Wärterinnen »für das Vorhandensein einiger reiner Kämme, Kleiderbürste, Seife, feinen Closetpapiers, Streichhölzer und Kerzenleuchter selber zu sorgen«.[138] Die Benützung dieser Utensilien konnten sie sich mit einem vom Magistrat bestimmten Geldbetrag bezahlen lassen.

Mit der Unterzeichnung des Arbeitsvertrages gingen die Frauen nicht unbeträchtliche Haftungsverpflichtungen ein. So waren sie nicht nur für die Richtigkeit ihrer eigenen Gebührenabrechnungen verantwortlich, sondern hafteten auch persönlich für die ordnungsgemäße Ablieferung der Gebühren durch eine für sie im Krankheitsfall bestellte Aushilfe. Diese Aushilfskräfte, »Adspirantinnen auf Wärterinnenposten, die sich auf diese Weise für ihren duftigen Beruf vorbereiten«[139], hatten die Frauen übrigens selbst zu entlohnen.

Doch nicht nur für Fehler in der Gebührenabrechnung konnte man die Frauen zur Verantwortung ziehen; sie waren auch »für die Erhaltung der vorhandenen Einrichtung, sowie für alle vorkommenden Beschädigungen durch Besucher mit ihrem Lohne oder sonstigen Vermögen dem Stadtmagistrat haftbar«[140]. Diese Klausel wurde erst mit der Neufassung der Dienstvorschriften im Jahre 1915 zurückgenommen.[141]

Es waren meist ältere Frauen, die unter diesen Konditionen als Toilettenwärterinnen eingestellt wurden. Viele von ihnen hatten einen durch lebenslange harte körperliche Arbeit stark angegriffenen Gesundheitszustand, der andere Erwerbsmöglichkeiten kaum noch zuließ. In anderen Fällen waren die Frauen durch den Tod ihres Mannes in Armut geraten, hatten etwa noch Kinder zu versorgen und versuchten, mit Gelegenheitsarbeiten oder gar durch Betteln ihren Lebensunterhalt zu verdienen.[142] Für diese Frauen bedeutete eine Anstellung als Abortfrau oftmals die Chance zur Existenzerhaltung oder gar -verbesserung. Darüber hinaus bot sie die Möglichkeit, nicht die Hilfe der Armenpflegschaft in Anspruch nehmen zu müssen. Dies war im Interesse beider Seiten.

Die Zahl der Bewerberinnen überstieg bald die Anzahl der freien Stellen. Wartelisten wurden angelegt. Voraussetzungen, in eine Warteliste aufgenommen zu werden, waren Hilfsbedürftigkeit, Beheimatung in München und eine Schriftprobe. Die Vorlage von Referenzen oder eine positive Beurteilung durch frühere Vorgesetzte oder Arbeitgeber förderte das Verfahren. Letztlich entschied jedoch oft genug der persönliche Eindruck, der beim Vorstellungsgespräch von der Bewerberin gewonnen wurde.[143]

War der Name auf der Liste verzeichnet, dauerte das Warten auf eine Anstellung als Abortfrau oftmals Jahre. Eine Stelle war meist erst mit dem Neubau einer Anstalt oder aufgrund schwerer Erkrankung einer Stelleninhaberin zu besetzen. Die meisten Frauen arbeiteten so lange, wie es ihre Kräfte zuließen, da ihnen eine Versorgungsrente aus dem Arbeitsverhältnis nicht zustand. Der Magistrat lehnte Rentenzahlungen noch 1912 grundsätzlich ab, da die Gemeinde »häufig bejahrte und sogar kränkliche Personen als Wärterinnen aufnehmen [müsse], die im Falle der Gewährung von Sustentationen bald ihren Dienst aufgeben wür-

den«[144]. Auch nach 1919 galten für Abortwärterinnen noch Sonderbestimmungen. Nun wurde zwar die Zahlung einer Rente zugesichert. Diese reduzierte sich jedoch proportional zur Erwerbsbeschränkung der Empfängerin und zur Höhe ihres Einstellungsalters. Je älter und kränker die Frau also war, desto geringer war die Rente, die sie zu erwarten hatte.

Die Einstellung einer Wärterin erfolgte »in jederzeit widerruflicher Weise«[145]. Von dieser Kündigungsmöglichkeit wurde in der Regel dann Gebrauch gemacht, wenn sich der Betrieb einer Anstalt als unrentabel erwies und sie zeitweise oder endgültig geschlossen wurde. Solche Kündigungen konnten recht kurzfristig

107

veranlaßt werden. Hierzu ein Beispiel: Nachdem im Januar 1914 beschlossen worden war, die Anstalt an der Tivolistraße künftig von 1. Oktober bis 30. April geschlossen zu halten, wurde der dortigen Wärterin das Dienstverhältnis zum 1. Februar gekündigt. »Unter Voraussetzung Ihrer weiteren Verwendbarkeit«, stellte man ihr in Aussicht, »werden Sie bei Wiedereröffnung der Anstalt am 1. Mai wieder als ständige Wärterin mit Ihren bisherigen Bezügen aufgestellt... Mit dem Zeitpunkt der Schließung der Anstalt scheiden Sie von der Allgemeinen Ortskrankenkasse München als Pflichtmitglied aus.«[146]

Freilich kann und soll nicht behauptet werden, daß die Frauen ständig um ihren Arbeitsplatz bangen mußten. Verstieß eine Wärterin nicht in grobem Maße gegen die Dienstvorschriften, konnte sie sich ihres Beschäftigungsverhältnisses im allgemeinen sicher sein. Doch eine Kündigung durch die Schließung ihrer Anstalt aus Rentabilitätsgründen konnte die Wärterin auch durch noch so tadellose Pflichterfüllung nicht verhindern. Und gerade diese Kündigungen oder Aussetzungen des Arbeitsverhältnisses betrafen Frauen, die besonders auf den Verdienst angewiesen waren. In den meist an der Peripherie gelegenen Anstalten mit niedriger Benutzungsfrequenz arbeiteten Frauen, deren Alter oder Gesundheitszustand einen Einsatz in den stark besuchten Anstalten der Innenstadt nicht zuließ. Das bedeutete zwar einerseits den Nachteil geringer Trinkgeldeinnahmen, andererseits war die Arbeitsbelastung nicht so hoch. Wenn die Besucherzahlen in diesen kleinen Anstalten nun so weit absanken, daß deren Schließung veranlaßt wurde, verloren gerade die Frauen ihren Erwerb, die die geringste Aussicht auf anderweitige Beschäftigung hatten.

Die Aufgaben der Wärterinnen waren ebenso wie die Arbeitszeit, die Höhe des Lohnes, mögliche Kündigungsursachen bis hin zu Weisungen bezüglich der äußeren Erscheinung und des Benehmens der Wärterin Gegenstand der Dienstvorschriften. Im Jahre 1888 wurden erstmals solche Instruktionen in allgemein gültiger Form erstellt.[147] Während der folgenden Jahrzehnte wurden diese Vorschriften mehrfach aktualisiert, jedoch stets nur wenig modifiziert.[148]

Den Vorschriften zufolge hatte die Wärterin zunächst bei der Verrichtung ihrer Arbeit »dafür zu sorgen, daß ihr Anzug, Gesicht und Hände jederzeit rein und sauber und ihr Kopfhaar stets geordnet ist«[149]. Sie hatte »gegen das verkehrende Publikum stets ein höfliches und anständiges Benehmen zu beobachten«[150] und war verpflichtet, »jedem Besucher artig und bescheiden die gewünschte Zelle anzuweisen«[151]. Hierbei müsse »jedoch, ohne Zudringlichkeit merken zu lassen, die erste Klasse zunächst angeboten oder falls solche besetzt ist, der Besucher gebeten werden... einen Augenblick zu warten, wenn er nicht ausdrücklich die II. Klasse verlangt«[152]. »Auf Verlangen eines Besuchers [waren] die Sitzbretter in dessen Gegenwart zu säubern.«[153]

Nicht weniger detailliert sind die Maßnahmen beschrieben, die von der Wärterin zu ergreifen waren, nachdem der Besucher die Kabine verlassen hatte; nämlich »die Closetsitze nach jeder Benützung mit einem Tuche abzureiben« und »das Closet... bis zum Becken trocken abzureiben, den Closettrichter und Beckenhals mit dem Closetpinsel zu reinigen«[154]. Für die Erledigung verschiedener Reinigungsaufgaben wurden bestimmte Tageszeiten festgesetzt: »Messingteile, wie Türklinken, Wasserhahnen sind täglich bis 9 Uhr vormittags zu putzen.«[155]

Vor Einführung der Wasserspülung oblag es der Wärterin, »jeden Abend zur Desinfektion einige Handvoll Torfmull in jedes Kloset einzuwerfen«[156] und den Bezirksinspektor regelmäßig über den Füllstand der Fäkalienfässer zu informieren.

Auch zur Arbeitszeit äußerten sich die Instruktionen in unmißverständlicher Weise. 1891 hieß es dort: »Die Beschäftigung der Wärterinnen ist eine tägliche, einschließlich aller Sonn- und Feiertage und zwar vom Öffnen der Anstalt am Morgen bis zu derer am Abend erfolgendem Schlusse ohne Unterbrechung.«[157] Die Anstalten waren zu dieser Zeit im Sommerhalbjahr von 6 Uhr bis 21 oder 22 Uhr geöffnet, im Winterhalbjahr von 7 Uhr bis 20 oder 21 Uhr. Die Anstalten mit besonders hoher Benutzungsfrequenz hatten das ganze Jahr über von 6 Uhr bis 24 Uhr offen.[158]

Die Frauen hatten demnach zwischen 13 und 18 Stunden lang in den Anstalten Dienst zu tun und dies täglich, auch sonntags, das ganze Jahr hindurch.

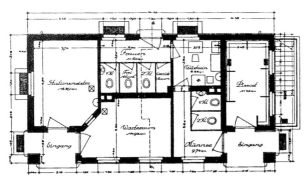

»Als gewöhnlicher Aufenthaltsort für die Wärterin« diente während dieser Stunden »die im Mittelgang der Anstalt befindliche Zelle«[159]. Der Raum, drei bis zwölf Quadratmeter groß, war zwischen den beiden Abteilungen für Herren und Damen angelegt und mit diesen durch Türen verbunden. Ein Inventarverzeichnis aus dem Jahre 1897 gibt ein Beispiel für die Möblierung einer solchen Zelle. Sie bestand in diesem Fall aus einem Spind und einem Stuhl.[160] Außerdem ist eine Gardine im Verzeichnis aufgeführt; der Raum verfügte demnach wahrscheinlich über ein Außenfenster.

Es war durchaus nicht selbstverständlich, daß Fenster eingebaut wurden, um Tageslicht und frische Luft in den Wärterinnenraum zu leiten. Noch 1912 empfahl das Revisionsamt der Mehrzahl der Wärterinnen, »zeitweise vor ihren Anstaltstüren frische Luft [zu] schöpfen«. Weiter heißt es: »Dies ist jedoch nicht der Fall bei den … unterirdischen Anstalten.«[161] Die hier tätigen Frauen hatten demnach nicht einmal die Möglichkeit, auf die Straße hinauszutreten, um das Tageslicht zu sehen und für kurze Zeit eine andere als die in der Anstalt eingeschlossene Luft zu atmen. Das zuständige Referat konzedierte denn auch vorsichtig: »Zuzugeben ist, daß der Aufenthalt in den unterirdischen Bedürfnisanstalten, wenn er auch nicht gerade ge-

sundheitsschädlich ist, weniger angenehm ist, als in den oberirdischen Anstalten.«[162]

Ob der ständige Aufenthalt auch in einer oberirdischen Bedürfnisanstalt tatsächlich als angenehm bezeichnet werden konnte, wie es implizite hier der Fall ist, darf bezweifelt werden. So war z. B. das Wärterinnenzimmer in der Anstalt an der Gebsattelstraße ständig feucht, da bei Regenwetter das Wasser von der am Berg anliegenden Wand eindrang.[163]

Doch sehen wir einmal ab von Beeinträchtigungen durch derlei bauliche Mängel, die ja nicht jede Anstalt aufwies. Soll auch die Vorstellung von den Licht- und Luftverhältnissen, in welchen die Frauen ihren langen Arbeitstag verbrachten, in den Hintergrund treten. Allein die Betrachtung der Vorschriften, die den Wärterinnen für ihren Aufenthalt in der Anstalt, ob unter- oder oberirdisch, auferlegt waren, mag zeigen, wie »angenehm« sich dieser für die Frauen gestaltete.

Die Wärterinnen durften sich nach Öffnen der Anstalt nicht mehr entfernen. Dies bedeutet, daß sie auch ihre Mahlzeiten dort einzunehmen hatten. Hierzu war es ihnen erlaubt, »die mitgebrachten Speisen auf dem Ofen aufzuwärmen; ein vollständiges Kochen oder Zubereiten von Speisen [war] jedoch untersagt«[164]. Als selbstverständlich ergab sich aus den Instruktionen, daß die Wärterinnen alleine speisten, denn der Empfang von Besuchen in der Zelle war ihnen grundsätzlich zu jeder Zeit verboten. Selbst Familienangehörige hatten nur in dringenden Fällen und nach Einholung einer Sondererlaubnis Zutritt.[165] Auch war nicht daran zu denken, sich etwa zur Gesellschaft ein Haustier im Wärterinnenzimmer zu halten. Die Anwesenheit von Hunden, Katzen oder Vögeln war sogar »strengstens« verboten.[166] Als Zeitvertreib, wenn keine Reinigungsarbeiten zu erledigen und kein Benützer zu bedienen war, wurde den Wärterinnen immerhin gewährt, »häusliche Arbeiten [zu] verrichten, auch durch Handarbeiten sich Nebenbeschäftigung [zu] verschaffen«[167].

Angesichts solcher Vorschriften scheint der Gebrauch der Bezeichnung »Zelle« für den Wärterinnenraum allerdings in mehrfacher Hinsicht gerechtfertigt. Die

110

Pflege sozialer Kontakte war den Frauen ja bereits durch die Dienstzeiten erschwert. Selbst Kontaktmöglichkeiten, wie sie etwa der Einkauf von Lebensmitteln bot, konnten sie nur in beschränktem Maße wahrnehmen, da sich die Zeiten ihrer Anwesenheitspflicht in der Anstalt mit den Öffnungszeiten der Geschäfte überschnitten. Hatten sie Besorgungen zu erledigen, mußten sie für die Dauer ihrer Abwesenheit eine Aushilfswärterin bestellen, die sie selbst zu bezahlen hatten. So verließen sie die Anstalt nur so selten und kurz wie irgend möglich.[168]

In stärker frequentierten Anstalten mag immerhin der Kontakt zu den Benützern ein Mindestmaß an Kommunikation ermöglicht haben. In einem Großteil der Anstalten aber vergingen »oft ein bis zwei Tage ohne daß die Anstalt überhaupt frequentiert«[169] wurde. Gerade für die Wärterinnen der unterirdischen Abortanlagen und der Anstalten, deren Wärterinnenzelle nicht über ein Außenfenster verfügte, bedeutete die Befolgung solcher Vorschriften praktisch die Inkaufnahme des Entzuges jeglicher Erlebnisreize und die Isolierung von der lebendigen Außenwelt.

Dienstfreie Tage, die hier einen Ausgleich hätten schaffen könen, wurden den Wärterinnen über Jahrzehnte hinweg verweigert. Das Revisionsamt begründete seine ablehnende Haltung mit dem Hinweis, daß die Wärterinnen ohnehin »sehr wenig beschäftigt sind und daher nur in der Anstalt sitzen, wie sie es zu Hause auch tun würden«[170]. Maßstab zur Bewertung von Arbeit und somit auch zur Einschätzung der notwendigen Menge an Erholungszeit war ja die meßbar erbrachte Arbeitsleistung. Die äußeren Bedingungen, unter welchen eine Arbeit zu verrichten war, wurden den Toilettenwärterinnen bei der Bemessung von Lohn und Freizeit nur dann angerechnet, wenn sie eine als eindeutig zu bezeichnende Beeinträchtigung darstellten. Ging es um die Gewährung höherer Bezüge oder freier Tage, hatten es denn die Wärterinnen der unterirdischen und die der stark frequentierten Anstalten leichter als ihre Kolleginnen. So waren in der Anlage am Karlsplatz 1892 bereits zwei Wärterinnen beschäftigt, die im Schichtsystem zwar jeweils 18 Stunden Dienst zu lei-

sten hatten, durch dieses System jedoch 10 freie Tage im Monat erhielten.[171] Demgegenüber gestand man den Wärterinnen der kleineren Anstalten, trotz Dienstzeiten zwischen 14 und 16 Stunden täglich, erstmals im Jahre 1902 einen freien Tag im Monat zu.[172] Erst vier Jahre später bekamen sie monatlich zwei freie Tage zugesprochen.[173] Den Wärterinnen der unterirdischen Anstalten wurde 1912 »in Anbetracht der ungünstigen Luftverhältnisse künftig pro Monat ein weiterer freier Tag zugebilligt«[174]. Für die anderen galt dies nicht, da ihre Arbeitsleistung weder geistig noch körperlich anstrenge.[175]

Mit ihrer Aufnahme in den Tarifvertrag für städtische Arbeiter erhielten 1919 endlich alle Abortwärterinnen einen freien Tag in der Woche, der allerdings nicht auf einen Sonntag fallen durfte, und einen bezahlten Jahresurlaub von sieben Tagen.[176] Die Arbeitszeitverkürzung auf 12 Stunden täglich wurde ihnen allerdings abgelehnt, da sie, so wurde befunden, gar nicht im Interesse der Antragstellerinnen läge, die es durchaus zu schätzen wüßten, »daß sie ihren schönen warmen Aufenthaltsraum nicht verlassen müssen, um sich erst ihr Zimmer zu heizen und ihre Arbeiten fortzusetzen, die sie sonst in ihrer Wärterinnenstube verrichten«[177].

Über die Einhaltung der Vorschriften durch die Wärterin wachten die sog. »Kontrollorgane«, d. h. die Vertreter der vorgeordneten Verwaltungsinstanzen. Mindestens alle zwei Tage und zusätzlich am Monatsletzten hatten die Frauen eine Visite des Gefällskontrollers bzw. des Bezirksinspektors zu erwarten[178], der die Führung der Anstalt in Augenschein nahm. Noch eingehenderer Kontrolle unterstand die Arbeit der Frauen im Bereich der Gebührenabrechnung. Sie hatten über die Einnahmen täglich Aufschreibungen zu führen und der monatlichen Ablieferung eine detaillierte Abrechnung beizufügen. Ihre Buchführung legten sie bei der Visite dem Bezirksinspektor vor. Ein zweites Mal wurden die Aufschreibungen durch den Kassadiener überprüft, sodann von der Stadtkasse, und schließlich nahm das Revisionsamt eine abermalige Überprüfung im Rahmen des Jahresabschlusses vor.[179]

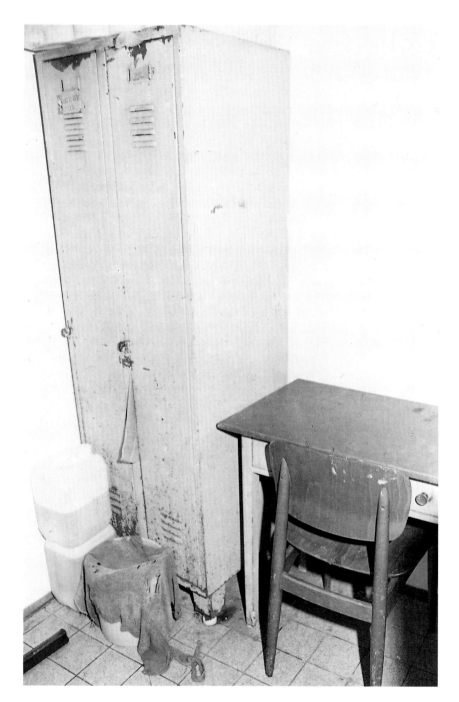

Die mehrmalige Abrechnungskontrolle, gekoppelt mit einem System von Zeichnung und Gegenzeichnung, die Auflage gesonderter Verbuchung der Tageseinnahmen aus der Benutzung der ersten und zweiten Klasse, die fortlaufende Numerierung der auszugebenden Gebührenmarken, die 1897 eingeführte Entwertungspflicht der Marken[180] und schließlich, an den Kabinentüren, die Anbringung von Zählapparaten, deren Nummernanzeige jedesmal um eine Zahl weitersprang, wenn die Wärterin die Tür von außen verschloß[181] – dies alles sollte dazu dienen, Betrugsversuche aussichtslos erscheinen zu lassen.

Doch die Stadtverwaltung schien selbst nicht davon überzeugt zu sein, daß ihre Kontrollmaßnahmen wirklich griffen. Sie wähnte sich ständig hintergangen und von den Wärterinnen um Einnahmen aus der Toilettenbenutzung betrogen. Der Antrag eines Revisors auf Einstellung einer Hilfskraft zur Kontrolle der Bedürfnisanstalten aus dem Jahre 1905 gibt hierfür ein plastisches Beispiel: »So lange die Wärterin weiß, daß sie nur vorübergehende Kontrolle – und da womöglich nur an bestimmten Tagen – zu gewärtigen hat, so lange ist ihr freier Spielraum gegeben, in der Anstalt zu machen, was sie will. Soweit soll es aber nicht kommen; die Wärterinnen sollen vielmehr überrascht werden und keinen Augenblick sicher vor der Kontrolle sein. Wenn ihnen auch ein direkter Betrug nicht nachgewiesen werden kann, so ist doch für *den* etwas nicht in Ordnung, welcher das ganze Tun und Treiben dieser Wärterinnen kennt. Es liegt sozusagen im Gefühl, daß es in mancher Anstalt nicht ganz reell zugeht.«[182] Tatsächlich gab es Möglichkeiten, die Kontrollmaßnahmen außer Kraft zu setzen: der Mehrmalsverkauf einer gut erhaltenen Gebührenmarke etwa oder das nicht ordnungsgemäße Verschließen der Kabinentür, so daß das Zählwerk des Apparates nicht reagierte. Den »Kontrollorganen« kam allmählich alles verdächtig vor; runde Beträge auf der Liste der Tageseinnahmen – »gerade als wenn bestimmte Abonnenten verkehren würden«[183] –, Unstimmigkeiten zwischen der Anzeige der Zählapparate und der Anzahl der ausgegebenen Gebührenbons, jedoch auch deren Übereinstimmung[184]. Nachdem schließlich die Billettausgabe abgeschafft worden war, vermutete man, »daß verschiedene Abortwärterinnen ihre Ablieferungsschuld aufgrund der Nummern-Anzeige der Kontroll-Apparate berechnen oder sich berechnen lassen«[185]. Der durch unsorgfältige Türschließungen erwirtschaftete Überschuß gelänge in ihre eigenen Taschen. Es wurde verfügt, die Nummernanzeige der Apparate verschließbar zu überdecken und den Wärterinnen »in Zukunft von dem jeweiligen Stande der Kontrollapparate keine Kenntnis mehr«[186] zu geben.

Der Aufwand, mit dem man potentiellen Versuchen der Wärterinnen, der Stadtkasse Gebühreneinnahmen vorzuenthalten, nachspürte, konnte ein beträchtliches Ausmaß erreichen. So informierte man die Frauen 1897, sie hätten künftig abwechslungsweise in sämtlichen Anstalten Dienst zu tun und ihren »Cassen- und Billettenstand jederzeit so ordnungsgemäß zu führen, daß der Wechsel nicht nur täglich sondern stündlich vorgenommen werden kann«[187]. Hinter dieser Einführung des Rotationsprinzips stand die Frage, »ob nicht doch bei der einen oder anderen Anstalt eine Mehreinnahme gegenüber früher erzielt wird«[188]. Die Aktion war erfolgreich. Im Falle einer Wärterin, der Schreinermeisterswitwe Antonie Eggen[189], zeigten sich in der Tat gewisse Unregelmäßigkeiten. Ihre Nachfolgerin lieferte um einiges höhere Einnahmen ab, während diejenigen aus der nun von Eggen betreuten Anstalt plötzlich merkbar schrumpften.[190] Ein klarer Fall von Gebührenhinterziehung zeichnete sich ab. Darüber hinaus war der persönliche Eindruck, den der Revisor von der Wärterin hatte, denkbar ungünstig: »Die Wärterin Eggen ist eine äußerst renitente, unzufriedene Person.«[191] Frühere Verfehlungen der Eggen wurden recherchiert. So habe sie den Spiegel in ihrer Anstalt mit dunklem Tüll verhängt. Wollte ein Gast der II. Klasse den Spiegel benutzen, »so mußte er die Güte der Wärterin beanspruchen, und diese Müheleistung – Hinwegnehmen des Vorhanges – geschah sicher nicht ohne Entgelt«, denn »umsonst macht die Eggen keinen Schritt«[192]. Außerdem habe sie sich eine zusätzliche

114

Einnahmequelle verschafft »durch Abgabe von Brennscheren und dergl. an gewisse Damen«.

Der hier angedeutete Kontakt zwischen Toilettenfrauen und Prostituierten war keine Seltenheit. Im ausgehenden 19. und beginnenden 20. Jahrhundert war es sogar üblich, daß weibliche Prostituierte, die keine Bleibe hatten und »die Nacht immer bei Herren zubrachten«, ihre Kleider und persönliche Habe in Bedürfnisanstalten deponierten. Die Toilettenfrauen, denen die Aufbewahrung natürlich verboten war, ließen sich diese Dienstleistung von den Prostituierten entgelten.[193] Auch wenn die Mädchen in die Anstalt kamen, um sich zu waschen und umzuziehen, hatten sie dafür zu bezahlen.

Ihr Gewerbe übten die Prostituierten in den Bedürfnisanstalten normalerweise nicht aus. Nur ein Brief aus dem Jahre 1898, in dem eine Toilettenfrau beschuldigt wird, den Soldaten, die ihre Anstalt besuchten, Mädchen zugeführt zu haben, nimmt auf derartige Vorgänge Bezug. Diese seien eindeutig anhand der Kratzspuren, die die Soldatensäbel an den Kabinenwänden hinterlassen hätten, belegbar.[194] Üblich scheint dies jedoch nicht gewesen zu sein, und auch für die heutige Zeit wird diesbezüglich kaum etwas berichtet.[195] Es

wurde vielmehr das Areal um die Bedürfnisanstalten zur Werbung von Freiern genutzt, was für männliche Prostituierte auch noch heute zutrifft.

Doch zurück zum Fall Eggen. Man wartete noch mit einer Kündigung, hielt die Frau jedoch unter Beobachtung.

Unregelmäßigkeiten in der Abrechnung konnten bei ihr zwar nicht mehr festgestellt werden, doch im Februar 1898 wurde moniert, ihr Benehmen ließe zu wünschen übrig.[196] Zum Jahresende verfaßte der zuständige Bezirksinspektor schließlich einen Bericht, der die Trennung von der ungefügigen Abortfrau einleitete. Es hieß darin, die Frau grüße den Assistenten des Inspektors nicht. Sie habe »nach Zuredestellung über dieses respektwidrige Verhalten wiederholt erklärt, daß sie trotz… Aufforderung auch in Zukunft den Assistenten, ›diesen Schnüffler‹, nicht grüßen« werde.[197] Kommentar des Revisors: »Das beste wäre, wenn man die Person in ein Spital unterbringen könnte – denn sonst hat es nicht gut mehr mit dieser renitenten, groben Wärterin.«[198]

Obwohl Eggen drei Empfehlungsschreiben früherer Vorgesetzter beibringt, wird die Kündigung zur Jahresmitte 1899 beschlossen. Die Abortfrau Antonie Eggen wendet sich nun selbst in einem langen Brief an das zuständige Referat. Einige Passagen aus diesem Schreiben seien hier zitiert. Die sprachliche Unbeholfenheit, mit der sich Eggen gegen die Vorwürfe verteidigt, mag Anlaß zum Schmunzeln bieten; mit ihrer Schilderung gibt die Frau jedoch ein lebendiges Bild ihrer Situation. Sie fühlt sich als ›letzte in der Reihe‹, stellt sich in einer teils entwaffnend offenen, naiven Argumentation als Opfer einer persönlich motivierten Verfolgung dar, mit der Vertreter der Obrigkeit sie ihrer Existenz berauben wollen. Die ihr zur Last gelegten Verfehlungen leugnet sie ab, gibt jedoch ihre Unhöflichkeiten gerne zu. In ihren Augen war ihr Verhalten berechtigt.

Eggen betont, sie stehe seit 30 Jahren in städtischen Diensten, »aber noch nie daß ich die viele Jahre von meinem Vorgesetzten eine Mahnung oder einen Verweis bekommen habe, den bei mir heißt es thue recht

und scheie niemand. Und was ich verklagt bin, das ist kein Verbrechen, das ist nur Verleimtung, Gehäßigkeit, denn ich red schon acht Monat mit dem Assistenten kein Wort mehr, weil er mich die erste Zeit recht beleidigt hat und sagte, ich habe eine grobe freche Goschn, ich hab ihn aber nicht beleidigt. Es ist besser ich red gar nichts… Herr Rechts Rath erlauben Sie mir! Ich habe den fünften Abort und vier Herren Inspektor, ich bin aber seid ein Jahr herumgehetzt worden als wie ein scheies Reh, gehunzt wie ein Hund, von Seite des Herrn Revisor…

Und was ich schon unschuldig für harte Reden bekommen hab, wo mir jetzt in die alten Tage recht weh gethan haben. Einmal heißt es: gehen Sie hinein in die Isar, für Ihnen ist kein schad, sind hunderte da zur Ersatz. Dann bin ich… drei Monat krankgeworden, aber keine Minute zuhause geblieben, dann heist von Seite des Herrn Revisor: für Sie ist schon noch ein Plätzchen im Friedhof. Was muß man da für Antwort hergeben. Ich sagt, ja Sie sind ein junger Mann. Sie können das Plätzl noch eher brauchen als ich altes Weib mit 6 und sechsig Jahr. Und wenn [man] ein Wort sagt, dann heist [es] nur, [man] ist unartig, aber alles was recht ist. Es heist und ist wahr: wenn [man] den Wurm tritt, dan krümmt er sich… Herr Rechts Rath ich bitte recht herzlich machen Sie mich nicht brodloß und laßen Sie mich meinen Dienst ein par Järlein noch vortmachen.«[199]

Der Bezirksinspektor zieht seinen Bericht zurück; auch das Stadtbauamt, bei dem die Wärterin »mit aufgehobenen Händen« um Hilfe ersucht hatte, »daß ich auf meine alten Tage nicht brodlos werde«, verwendet sich für sie.[200] Doch das Urteil ist gefällt; die Kündigung bleibt bestehen.

Am 17. Juni verläßt die Abortfrau ihre Anstalt, bezahlt für drei Tage eine Aushilfe und kehrt nicht mehr zum Dienst zurück. Über das weitere Schicksal der Toilettenfrau Antonie Eggen geben die Akten keine Auskunft.

Sicher war Antonie Eggen nicht das unschuldige Opfer, das »scheue Reh«, als das sie sich darstellte. Gescheitert ist sie jedoch nicht an ihren betrügerischen Machenschaften und an ihrer Phantasie im Erschließen von Geldquellen. Wäre dies der Fall gewesen, hätte man ihr sofort nach deren Aufdeckung gekündigt oder aber das Kündigungsvorhaben fallengelassen, nachdem sie in der Bewährungszeit stets korrekt abrechnete.

Hinter der Kündigung verbarg sich eindeutig die Mißbilligung ihres Verhaltens gegenüber Vertretern der Kontrollorgane. Eggen glaubte, sich gegen die Art, wie mit ihr umgegangen wurde, mit ihren eigenen Mitteln wehren zu müssen. Ihr Fehler war die Annahme, dies auch tun zu dürfen. Mit ihrer Reaktion auf die von ihr so genannten »Schnüffler« zog sie den Unmut der Obrigkeit auf sich. Diese ging sodann mit Geduld, jedoch unerbittlich gegen sie vor. Die Abortfrau Antonie Eggen hatte sich mit ihrem Verhalten über die Grenzen hinausgewagt, die ihr ihrer sozialen Stellung gemäß gezogen waren.

Sicher relativiert sich vieles, wenn man den Blick öffnet und sieht, unter welchen Bedingungen Frauen zur gleichen Zeit etwa in industriellen Betrieben arbeiteten. Auch die uns heute zynisch erscheinenden Bemerkungen und Argumente, mit welchen aus den Amtsstuben heraus über die Situation der Frauen befunden wurde, mögen im Kern sogar eine Berechtigung gehabt haben. Es ist tatsächlich anzunehmen, daß der beheizte Wärterinnenraum so mancher Frau mehr Komfort bot als das Zimmer, in dem sie wohnte. Doch nicht der synchrone Vergleich sollte hier vorgenommen werden, sondern die Darstellung der mit Vorschriften und Restriktionen gepflasterten Arbeitswelt dieser Frauen, einer Welt, in deren engen Grenzen sie letztlich immer wieder die eigene Bedeutungslosigkeit und Minderwertigkeit vorgehalten bekamen.

Die Anstellung in der Bedürfnisanstalt wurde den Frauen als eine letzte Chance gewährt, einen Platz, ganz unten zwar, jedoch noch innerhalb der Gesellschaft, einzunehmen. Für diese Chance hatten sie dankbar zu sein. Ließen sie es daran fehlen, war dies ein Vergehen, das schwerer wog als Betrugsversuche, die man ihnen ohnehin unterstellte, oder die Verletzung von Vorschriften, die ohnehin in ihren Einzelheiten kaum einzuhalten waren. Nicht allein Ehrlichkeit und Pflichterfüllung, erst ihre dankbare Bescheidenheit war die Qualität, die ihnen einen Platz sicherte – in der geheizten Zelle der Bedürfnisanstalt sowie in der Gesellschaft.

Das Publikum ist verpflichtet:

1. sich in den öffentlichen Bedürfnisanstalten anständig und bescheiden zu benehmen.

2. Es ist verboten, die Zellen zu verunreinigen, die Wände zu beschmieren und sich auf die Abortsitze zu stellen.

3. Die Gebühr für Benützung der Anstalt beträgt bei Inanspruchnahme der I. Klasse 10 Pf., II. Klasse 5 Pf. und wird **vor Eintritt in die Zelle** erhoben.

4. Bei Inanspruchnahme der I. Klasse ist der volle Betrag von 10 Pf. auch dann zu bezahlen, wenn die Waschtoilette nicht benützt wurde.

5. Die Zellenthüre ist während der ganzen Dauer der Benützung geschlossen zu halten. Die Eintrittsgebühr wird so oft erhoben, als die Zellenthür geschlossen wird.

6. Den Anordnungen der Wärterin ist Folge zu leisten.

Stadtbauamt hierselbst, Jakobsplatz 13, 1 Treppe.

Die Wärterin ist verpflichtet:

1. Jedem Besucher in bescheidener Weise die gewünschte Zelle zur Benutzung anzuweisen;

2. gegen Empfang des in dem am Eingange befindlichen Tarif bezeichneten Eintrittspreises eine Quittung darüber zu übergeben, welche beim Verlassen der Anstalt mitzunehmen oder zu vernichten ist;

3. die Zellenthür während der Benutzung stets zu schließen;

4. die Anstalt, besonders die Toiletten, Becken und Sitzbretter stets in reinem Zustande zu erhalten, auch auf Verlangen des Besuchers vor seinen Augen nochmals zu säubern.

Sollten die geehrten Besucher durch ungebührliches Benehmen der Wärterin, durch Unsauberkeit oder in sonstiger Weise incommodirt werden, so wird gebeten, dies unter Namen- und Wohnungsangabe zu melden im

Stadtbauamt hierselbst, Jacobsplatz 13, 1 Treppe.

»…freilich – was sind schon Toilettenfrauen.«
Zu Berichten heute tätiger Toilettenfrauen von
Arbeitsalltag und -situation in öffentlichen
Toilettenanlagen

Der Münchner Toilettenbesucher des 19. Jahrhunderts konnte sich darauf verlassen, in der öffentlichen Bedürfnisanstalt eine saubere Kabine vorzufinden. Seife und Handtuch wurden gereicht und Sonderwünsche nach weichem Papier, einer Kleiderbürste oder einem Kamm erfüllt.[201] Wurde dieses umfassende Serviceangebot in unserem Jahrhundert auch abgebaut, so war es doch noch bis über die Jahrhundertmitte hin selbstverständlich, daß eine ständig anwesende Aufsicht für Reinlichkeit sorgte, Seife und Handtuch bereithielt und Schäden am Inventar sofort weitermeldete. In den 36 Vollanstalten, die München zu Beginn der 1960er Jahre besaß, verrichteten ca. 60 Frauen im Schichtsystem ihren Dienst.[202] Noch im Jahre 1969 wandte sich das städtische Personalreferat um Hilfe bei der Anwerbung von Bedienungspersonal an die Bezirksausschüsse. »Selbst bei einer völligen Automatisierung sämtlicher Anstalten ist es«, so stellte man fest, »aus hygienischen Gründen zwingend erforderlich, die Anstalten mit Wärterinnen zu besetzen.«[203] Da es tatsächlich immer schwerer wurde, Arbeitskräfte für diese Aufgabe zu finden[204], da ferner mit der Einrichtung von Münzautomaten das Einkassieren der Gebühren durch die Wärterin überflüssig wurde, und da sich überdies Spezialfirmen erboten, die turnusmäßige Reinigung der Anstalten relativ kostengünstig zu übernehmen, entschied man sich schließlich doch, die Arbeitsplätze für Toilettenfrauen abzubauen.[205] Die Überwachung der Anstalten wurde einer entsprechenden Gesellschaft übertragen. In den später im U-Bahn-Bereich angelegten Anstalten wurde sie von den hier zuständigen Sicherheitskräften übernommen.
Nur die Entleerung der Münzautomaten sowie die Ausführung kleinerer Reparaturen, liegt auch weiterhin bei der Stadtverwaltung selbst. Sie wird von Mitarbeitern des Liegenschaftsamtes ausgeführt.

Mit der Aufteilung diverser Aufgaben, deren Wahrnehmung zuvor in der Verantwortung der Toilettenfrau gelegen hatte, erhielten Vorbehalte gegenüber öffentlichen Toilettenanlagen zwangsläufig wieder beleg- und erfahrbare Begründungen. Wo niemand ständig ein Auge auf den Umgang mit dem Inventar hat, nimmt dies bald Schaden; wo niemand mangelnde hygienische Sorgfalt des Toilettenbesuchers sofort nachbessert, bilden sich Gerüche oder optische Eindrücke, angesichts derer man das Automatenzehnerl lieber verloren gibt. Hier kann weder eine noch so gute Arbeit der Reinigungsfirma noch die ständige Renovierungs- und Ausbesserungsarbeit der Stadtverwaltung letztlich viel ausrichten.
Sollte man also für die Wiedereinführung einer ständigen Betreuung der städtischen Bedürfnisanstalten plädieren? Für den Benützer wäre dies sicher von Vorteil. Im Interesse der betreffenden Arbeitskräfte jedoch bedürfte es wohl zunächst einer Aufwertung dieser Tätigkeit – und dies nicht nur in finanzieller Hinsicht.[206]
»Ich hab früher auch was anderes gemacht. Nicht Toilettenfrau. Ich war als Reinigungsfrau… Wissen Sie, Toilettenfrau – ja, freilich – was sind schon Toilettenfrauen.«[207]
Frau R. empfindet den Wechsel ihrer Tätigkeit als Abstieg. Für die Wege zwischen Wohnung und Arbeitsplatz kleidet sie sich besonders gut und gepflegt. »Dann sieht keiner, wo ich gerade herkomme.« Den sozialen Status einer Toilettenfrau schätzt sie so gering ein, daß sie nicht bekannt werden lassen möchte, womit sie ihr Geld verdient.
Frau K. betreut die Toilette eines Münchener Kaufhauses.[208] Ihr Arbeitslohn sind die Zehnerl, die ihr die Besucher bisweilen in den Teller werfen. Wenn sie krank ist oder Urlaub macht, entfällt dieser Verdienst. Frau K. ist

während der Geschäftszeit ständig im Kaufhaus anwesend, auch samstags. Trotz ihrer 63 Jahre möchte sie noch weiterarbeiten, »a paar Jahr, wenn's geht«, denn »die Arbeit ist nicht so schwer«. Nach ihrer Flucht aus dem Sudetenland habe sie auf einem Bauernhof geholfen und später als Weberin in einer Fabrik gearbeitet. Bevor sie die Stelle im Kaufhaus bekam, sei sie, ebenfalls als Toilettenfrau, am Nockherberg beschäftigt gewesen. Dort habe man sich viel gefallen lassen müssen von den Betrunkenen. Auf Trinkgeldbasis habe sie auch dort gearbeitet. Das sei so üblich.

Das Gespräch mit Frau K. verläuft stockend und etwas mühsam. Sie sei nicht gewöhnt, daß viel mit ihr gesprochen werde. Die Toilettenbenützer richteten fast niemals ein Wort an sie. »Ist eher anonym«, sagt sie.

Seit 15 Jahren arbeitet Frau Ö. als Toilettenfrau in einer öffentlichen Bedürfnisanstalt in München.[209] Sie ist Türkin. Begonnen hat sie, wie sie berichtet, mit einem Stundenlohn von 3,50 DM. Mittlerweile verdient sie 8,50 DM in der Stunde. Trinkgeld gäbe es nicht, da für die Toilettenbenutzung in der mit Münzautomaten ausgestatteten Anlage 30 Pfennig einzuwerfen seien. An ein Trinkgeld für die Toilettenfrau sei dabei nicht mehr zu denken.

Frau Ö. meint, gegen eine Gebühr in dieser Höhe könnten die Benützer mit Recht erwarten, eine saubere

Toilette vorzufinden. Doch wenn die Kabinen des öfteren so verschmutzt verlassen werden, daß nicht nur die Toilette einer gründlichen Reinigung bedürfe, koste es Frau Ö. auch nach 15 Jahren noch einige Überwindung, ihre Arbeit zu verrichten. »Aber was kann machen?« Ihre Kollegin meint, diese Verschmutzungen geschähen in der Absicht, die Toilettenfrauen zu demütigen.

Frau Ö. hat Angst, einmal mit einem Todesfall, etwa einem Drogentod, in der Anstalt konfrontiert zu sein. Obwohl Nachrichten über solche Todesfälle in München bislang eher den Toilettenbereich von »Bewir-

tungsbetrieben« betreffen, werden selbstverständlich auch die Zellen öffentlicher Bedürfnisanstalten zur Einnahme von Drogen aufgesucht. Die abgeschlossene Intimität der Toilettenkabine bietet die Möglichkeit, ungestört die Spritze anzusetzen.

Frau Ö. berichtet, es geschähe durchaus, daß Toilettenbenützer in der Zelle Drogen spritzten, und einmal habe sie ein Mädchen dort vorgefunden, das fast leblos auf dem Boden gelegen sei. Die Nadel habe sie noch immer im Arm stecken gehabt.

Wenn ein Toilettenbesucher sich auffallend lange in der Kabine aufhalte, klopfe sie, und wenn keine Antwort

komme, müsse sie die Tür aufsperren. Sie habe dabei stets die Befürchtung, es könnte etwas passiert sein.

Doch bisher habe es sich bei solchen »Langzeitgästen« meist um Männer gehandelt, die vorhatten, in der Kabine zu übernachten. Wenn Frau Ö. sie daran hindern wolle, würden die Männer oft mit Beschimpfungen reagieren. »Sagen dann: ›Geh du in dein Land zurück, Drecksau‹ und sagen ›Hure‹ und so. Dann tut schon weh. Aber ich schlucken.«

Diese Frauen glauben stillhalten zu müssen, wie auch immer man ihnen gegenübertritt. Geringschätziges Verhalten der Benützer ihnen gegenüber sehen sie im niedrigen Status begründet, der ihrer Tätigkeit beigemessen wird. Frau R. reflektiert dies, wenn sie sagt: »…freilich – was sind schon Toilettenfrauen.«

Anders verhält es sich im Fall von Frau P.[210] Auch sie kann von Vorkommnissen erzählen, die nicht nur mangelndes Sauberkeitsbewußtsein der Benützer belegen, sondern auch die geringe Wertschätzung, die der Toilettenfrau entgegengebracht wird: »Grad die feinsten Damen, angezogen weiß Gott wie, daß man denkt, bei denen kann man das gar net vermuten – sitzen die am Klo, nein, die sitzen net, die stehen. Und des läuft dann bei der Tür scho naus… – Na sagt s’: ›Naa, des is net von mir. Und übrigens seids ihr ja da zum Putzen.‹ – Na hab i g’sagt: ›Aber nachher muß ma ja net danebenbieseln!‹« Frau P. sieht keine Veranlassung, den Benützern gegenüber »stillzuhalten«. Die heitere, teils anekdotische Form, in der sie während unseres Gespräches ihre Erfahrungen schildert, läßt eine Geringschätzung des eigenen Stellenwertes nicht erkennen.

Frau P.'s Lebens- und Arbeitssituation unterscheidet sich denn auch grundlegend von derjenigen der oben zitierten Frauen. Sie übt diese Tätigkeit lediglich während zweier Wochen im Jahr, zur Zeit des Oktoberfestes aus. Für diese Zeit nämlich wird die städtische Bedürfnisanstalt im ehemaligen Brausebad an der Theresienwiese mit Personal besetzt, um trotz des großen Besucherandranges die Reinhaltung der Anstalt zu gewährleisten. Das Geld, das Frau P. dort verdient, benötigt sie nicht zur Existenzsicherung. Für sie bedeu-

tet es ein Taschengeld, von dem sie sich manchen Extrawunsch erfüllen kann. Und noch etwas unterscheidet ihre Situation von der der anderen: Frau P. ist nicht für die Säuberung der Toiletten zuständig. Ihr Arbeitsplatz ist im Kassenraum; ihre Aufgabe ist es, die Gebühren für die Benutzung der Damentoiletten einzukassieren. »Kasse ist ja eigentlich net so, als wenn man allweil putzen muß«, denn »da mußt an Magen dazu haben. Deswegen bin ich froh, daß ich nur kassier, weil ich wär sicher mehr beim Speihn wie beim Putzen.«

In Frau P.'s Lebensalltag kommt die Beschäftigung als Arbeitskraft in einer Bedürfnisanstalt einem zeitlich begrenzten Ausflug in eine andere Welt gleich. Das Bewußtsein, sich in einer Ausnahmesituation zu befinden, die gute Bezahlung und die Abgrenzung ihres Tätigkeitsfeldes auf einen sozial eher akzeptierten Teilbereich – all dies sind Faktoren, die es Frau P. ermöglichen, ihre Rolle selbstbewußt zu gestalten. So interpretiert sie ihre Funktion in der Bedürfnisanstalt auch als die einer Ansprechpartnerin in diversen Notfällen: »Jod haben wir, Pflaster und Verbandzeug und Nähzeug und so Camelia, – was man halt alles so braucht… daß ma halt jedem helfen kann.«

Ähnliche Möglichkeiten der Funktionserweiterung und damit Imageaufwertung besitzen auch die Toilettenwärterinnen nobler Restaurants, Hotels oder Geschäfte. Hier leistet weiterhin der Name des Hauses, für das sie arbeiten, Hilfe zur Aufwertung des Selbstbildes.

Frau R. und ihren Kolleginnen fehlen derartige Kompensationsmöglichkeiten. Sie sehen sich einer stereotypen Einschätzung ausgeliefert, die die Beschäftigung als Toilettenfrau als eine Art Endstation sozialintegrierter Existenz begreift.

Als im Jahre 1907 die Memoiren einer Wiener Toilettenfrau veröffentlicht wurden, fragte ein Rezensent: »Was bedeutet unserem Gros der Kulturmenschheit ein ›Häuslweib‹? Nichts.«[211] Assoziationen stellen sich ein: das Latrinenreinigen oder Toilettenputzen als ehemalige Strafmaßnahme im Militär- und Erziehungsbereich; Corbins Beschreibungen der Vorschläge aus dem 18. Jahrhundert, die Stadtsäuberung und den Abtransport der Fäkalien in Paris durch Bettler oder Zuchthäusler erledigen zu lassen[212], oder zur Wartung öffentlicher Latrinen von den Wohlfahrtsämtern benannte Personen einzusetzen, die auf diese Weise eine Gegenleistung für die ihnen gewährte Unterstützung erbringen könnten[213].

Die Idee, Schmutz und insbesondere fäkale Abfallstoffe durch Gescheiterte und Mittellose beseitigen zu lassen, zielte, folgt man den Thesen Corbins, darauf ab, »den Gestank des Unrats im gleichen Zuge loszuwerden wie die soziale Infektion«[214]. Wie dem auch sei – die Reinigung des städtischen Raumes von der niedrigsten, ob der Miasmenbildung auch gefährlichsten Art des Schmutzes war tatsächlich denjenigen vorbehalten, die die niedrigsten Plätze auf der sozialen Rangskala besetzten.[215] Dies traf auch für die Reinhaltung der öffentlichen Bedürfnisanstalten in München durch mittellose ältere Frauen zu, welche andernfalls der Armenpflegschaft zur Last gefallen wären.

Ob man in der Geringschätzung, der sich Toilettenfrauen heute oftmals ausgesetzt fühlen, ein Nachwirken derartiger Traditionen und Bewertungen annehmen kann, bleibt dahingestellt.

Plausibler erscheint ein Zusammenhang mit der Tabuisierung des Bereiches, in dem ihre Tätigkeit angesiedelt ist. Die Reinlichkeitserziehung, die Freud als Prozeß der Verdrängung kindlich-koprophiler Triebe unter gleichzeitiger Aneignung des Ekelgefühles vor den Ausscheidungsprodukten beschrieb[216] und die übrigens das oben genannte Latrinenputzen erst zur demütigenden Strafe macht, wirkt auf beiden Seiten. Der Toilettenbenützer würde nach diesem Erklärungsvorschlag die erlernte Geringschätzung für die fäkalen Produkte auf die Abortfrau und ihre Aufgabe, Rückstände dieser Produkte zu beseitigen, ausweiten. Die Toilettenfrau, die das gleiche Muster in sich trägt, ist für entsprechende Verhaltensweisen der Benützer sensibilisiert. So muß sie z. B. die stärkere Verschmutzung der Toilette als Demütigung empfinden.

Das Gespräch mit Frau K. in der Kaufhaus-Toilette wird durch das Rauschen einer Wasserspülung unterbrochen. Eine Toilettenbenützerin verläßt wortlos und ohne einen Blick auf die Toilettenfrau die Anlage. Der Teller für das Trinkgeld bleibt leer. Frau K. erhebt sich, eine Hand in den Rücken gestemmt. Sie bückt sich nach Eimer und Putzlappen, durchquert mit leicht vorgebeugtem Oberkörper den Raum. In der Zelle, die die Benützerin gerade verlassen hat, betätigt sie zunächst nochmals die Wasserspülung.

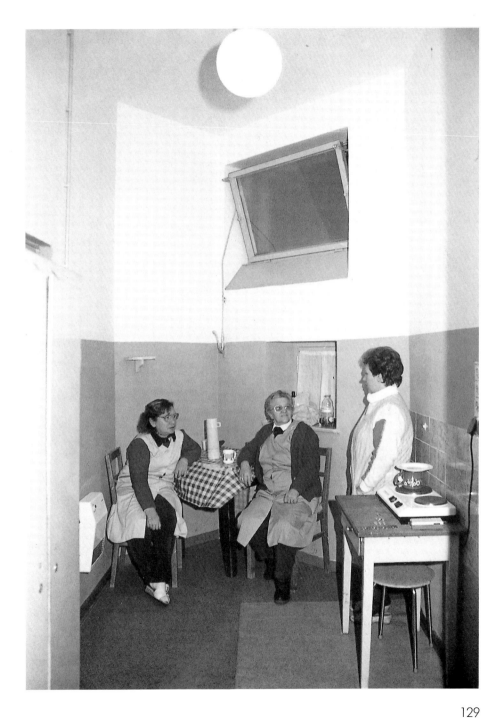

»Solang i laffa ka, duri putzn.«
Aus einem Interview[217]

Frau K. ist nur zeitweise als Toilettenfrau tätig. Sie ist 84 Jahre alt. Ihr langes arbeitsreiches Leben lehrte sie, pragmatisch zu handeln. Dies schlägt sich auch auf die Einstellung zu ihrer Tätigkeit nieder. Frau K. schätzt den damit verbundenen Verdienst und akzeptiert ohne Bitterkeit, was sie dafür zu leisten hat. Sie erzählt offen und unkompliziert, nennt die Dinge beim Namen.

»Früher war ich fuchzehn Jahr bei der Herrschaft in Stellung. Und dann bin ich ins Landratsamt gekommen, als Putzfrau. Da hab ich achtzehn Jahr lang Parkettböden abgezogen drin. Das reicht, gell? Und nachher hab ich aufgehört, weil mein Enkel geboren ist.

Am Oktoberfest bin ich jetzt fuchzehn oder achtzehn Jahre – sagen ma fuchzehn. Aber es sind, glaub ich, schon achtzehn; man merkt sich das net so.

Wir haben zwei Dienstzeiten. Die in der Früh fangen um sieben an bis um halb vier, und ich fang um halb vier an bis nachts um halb zwölf. Der Vertrag ist mit der Stadt. Er läuft über achtzehn Tag, weil wir zum Putzen müssen einen Tag zuvor und der letzte Tag, den müss'ma auch noch rein zum Putzen. Verdienst hat man ganz schön. Sechzehnhundert Mark auf die Hand und das Trinkgeld. Aber mit'm Trinkgeld, da sind's recht knausrig. Hauptsächlich die jungen, die schenken dir kein Fünferl. Die älteren ja, wenn s' schon bereits in die Hosen scheißen. ›Frau, lassen S' mi nei, i zahl Eana a Trinkgeld!‹ – Na kriegst a Markl, gell, oder a Fuchzgerl. Ein Klo lass ich schon immer frei für die, wo's pressiert.

Wenn s' in der Wies'n drinnen sind, da geht kein Mensch da herauf zum Scheißen. Die gehen erst, wenn s' heimgehn. Aber soviel nimmst in drei Stunden net

ein, was d' in dera Stund einnimmst. Weil da pressiert's schon, gell? Hängt's schon hinten raus. ›Weibi, hast net a Klo?‹ – ›Ja, da hab i oans.‹ – ›Du kriagst a guat's Trinkgeld.‹ – ›Ja, aber net vergessen!‹ – Die meisten gehen raus und verschwinden, wenn ich's net sehe.

Ich bin in der Männerabteilung. Kassieren tu ich jetzt nimmer. Früher hat ma bei den Herren die Automaten, wo s' immer die Zehnerl reinschmeißen, ausgehängt. Und dann hab ich denen immer nachlaufen müssen und sagen: ›Bitte schön, zwanzig Pfennig‹ und den Bon abreißen. Der neue Chef hat des nimmer eing'führt und hat die Automaten hängengelassen. Jetzt kann jeder sein Geld reinschmeißen. Jetzt hab ich's ganz schön.

Ich geh rein und putz das Klo ab, wenn einer reingeht – und wenn er nausgeht, muß ich auch nei. Weil wenn er recht verschissen hat, dann muß er fünf Mark zahlen. Aber die meisten zahlen's nicht. ›Dafür hab i zahlt. Du kannst die Scheiße scho putzn!‹ – Na hab ich gesagt: ›Da hab doch i nix davon. I hab bloß dein Parfüm, weiter nix.‹

Und den Boden müss'ma auch putzen. Da ist ein Gully, hinten im Eck. Da rennen dann so junge Burschen gleich zu zehnt da hinter und machen da nei und ins Waschbecken und zu der Küchentür, da an die Tür. Dann läuft da alles runter und der ganze Baaz in die Küch nei! – Die Leute pinseln und schmieren die ganze Scheiße rum. Und wenn s' was kaputtmachen, was willst von dem verlangen? Der geht. Mich haben s' zu zehnt eing'ringt und haben g'sagt: ›Des putzt jetz schee raus, gell?‹

Aber sowas hab ich noch nie erlebt in achtzehn Jahr, wie heuer. Da kommt einer, vor Torschluß, um elfe rum. Nachts. Und der geht vom Pissoir rum und hat schon

132

die Hosen nimmer zugemacht: ›Frau, lassen S' mi nei, sonst scheiß i in d' Hos!‹ – Aber ich kann Ihnen sagen, wie der g'schissen hat, das weiß ich auch net. Der is nei und hat sei Arschloch so naufg'hängt – da war die ganze Mauer – so ein großer Fladen – und die Kloschüssel und die ganzen Fliesen – rechts und links und hinten sind ja auch Fliesen, gell? Und ich – es ist vor Torschluß gewesen, da tu ich nimmer putzen, sonst komm ich mit dem Omnibus nimmer heim. Das muß na die andere Kollegin putzen. Aber der macht das nix aus, die ist ihrer Lebtag schon Klofrau g'west.

Normal mach ich's immer so: ich wisch nochmal ab, bevor s' neigehen. Dann sehen s', daß es sauber ist. Und dann kriegst a Trinkgeld. ›Sixt, Frau, nirgends is' a so sauber.‹ Und die sagen alle, die von der Wies'n neigehen: ›Mei, is' bei euch schön! Alles blitzsauber.‹ – Die eine von den Kolleginnen, die wo im Damending drüben sind, die tut den ganzen Tag putzen. Wenn da ein Tröpfle Wasser is vom Händewaschen, tut sie's schon wieder putzen. Die ganze Gegend putzt s' ab. Ans Aufhören denk ich noch net. Solang ich laufen kann, tu ich putzen. Ich brauch ja das Geld.

Damals, bei dem Bombenattentat, das Haus is ja gleich daneben, wo's passiert is, da is a Viertelstund kein einziger mehr 'kommen zum Scheißen. Und da hab ich mir gedacht: jetzt gehst amal nüber und schaust nach der Uhr, wie spät's is. Und da bin ich da nüberg'laufen, bin aber nimmer nüberkommen. Ich hab mich noch umgedreht und g'schaut, ob noch welche auf's Klo kommen. Ausgerechnet da sind dann welche gekommen. Ich bin nochmal retour und beim zweiten Billett – ich wär glatt neig'laufen in die Bombe, wenn die Herren net gekommen wären. Nachher hat's schon gekracht. Alles voller Blut – und die zwei Scheißer haben mir das Glück gebracht, daß ich net zum Sterben 'kommen bin. – Ich bin dann nüber und hab nach der Uhr g'schaut. Alle sind rumgelegen in ihrem Blut. Das war furchtbar. – Aber da kannst net gehen, da mußt schon dableiben, wenn's dich net erwischt. Und dann haben wir weitergemacht bis halb zwölf und dann is ma heimgangen.

Mei, wir müssen Geld verdienen. Das Geld ist doch das wichtigste. Im Leben. Gell?«

»Wo sind die Schwulen? Schauts, daß ihr rauskommt!«
Die Bedürfnisanstalt als Homosexuellen-Treffpunkt

Die öffentliche Einrichtung, die man vor den Blicken der Öffentlichkeit versteckte, begann ein Eigenleben zu entwickeln. Sie übernahm allmählich Funktionen, die über ihre eigentliche Zweckbestimmung hinausgehen. Ihre Existenz am Rande öffentlicher Aufmerksamkeit ließ sie zum Zufluchtsort verschiedenster gesellschaftlicher Minderheitengruppen werden.

Homosexuelle Männer sind eine solche Gruppe. Ihnen, die nirgendwo im Bereich funktionierender Sozialkontrolle die Möglichkeit hatten, offen Kontakt untereinander aufzunehmen, diente die Bedürfnisanstalt als Ort der Begegnung mit eventuellen Sexualpartnern.

Doch auch dieser in mehrfacher Hinsicht verschwiegene Ort garantierte keine völlige Sicherheit. Kriminelle Kräfte unter männlichen Prostituierten nutzten, so wird aus dem Beginn unseres Jahrhunderts berichtet, die Angst der in den Anstalten verkehrenden Homosexuellen vor Entdeckung, um Geld von ihnen zu erpressen. Auch körperliche Angriffe und der Diebstahl von Wertsachen geschahen nicht selten.[218] Die größte Angst jedoch war die vor dem polizeilichen Zugriff — und der Polizei waren einschlägige Treffpunkte stets bekannt. Zu Anfang des Jahrhunderts beispielsweise die Pissoirs am Karls- und Lenbachplatz, an der Schelling- und an der Ludwigstraße.[219]

Nach der Zeit des Nationalsozialismus, in der Homosexuelle verfolgt, in Konzentrationslager gesperrt und ermordet wurden, hätte man erwarten können, daß die Toleranz ihnen gegenüber gewachsen sei. Die Polizei soll denn auch seit den 1950er Jahren auf die Erstattung von Anzeigen wegen »Unzucht zwischen Männern«, die nach §175 strafbar war, in einfachen Fällen verzichtet haben.[220] Doch waren beispielsweise Vertreter der Behörden, die für die Instandhaltung der Bedürfnisanstalten zuständig waren, weiterhin bestrebt, homosexuelle Kontakte in den Anstalten aufzudecken. Dies galt auch noch für die Zeit kurz vor Änderung des §175 im Jahre 1969 bzw. 1973. Man habe sich vom nicht mehr besetzten Wärterinnenraum aus durch einen Türspalt »das Spiel so ein bißchen angesehen«, um dann die Ausgangstür von außen zu verschließen und die Polizei zur Aufnahme der Personalien der ›Delinquenten‹ heranzuziehen.[221] Berufen, gegen die »Unzucht« vorzugehen, fühlte sich offenbar auch so manche Toilettenfrau. »Dann hab ich einen Putzkübel mit Wasser genommen und meinen Schrubber und bin rein. ›Wo sind die Schwulen? Schauts, daß ihr rauskommt!‹, hab ich gesagt und hab das Wasser reingeschüttet.«[222] Die Reihe von Beispielen demütigenden Vorgehens gegen diese Männer wäre nach Belieben fortzusetzen.

Heute ist die Erstattung einer Anzeige aufgrund homosexueller Betätigung Erwachsener untereinander zwar nicht mehr möglich; Anzeige kann dennoch erstattet werden. Ist nämlich eine derartige Betätigung in einer öffentlichen Bedürfnisanstalt nachweisbar, kann dies als Erregung öffentlichen Ärgernisses oder aber als Hausfriedensbruch geahndet werden, da der Aufenthalt in der Anstalt »nur zum Zwecke der Verrichtung der Notdurft gestattet« ist.

Fungierte die Bedürfnisanstalt zu früheren Zeiten vorwiegend als Kontakthof, hat sich der Umgang Homosexueller mit dieser Einrichtung mittlerweile grundlegend gewandelt. Sie nimmt heute einen festen Platz im breiten Spektrum homophiler Sexualkultur ein. Es entwickelte sich hier eine Spielart des Sexualkontaktes, die sich bewußt mit der Bedürfnisanstalt als Ambiente auseinandersetzt und sie mit all ihren Merkmalen, vom Inventar bis hin zum Geruch, einbezieht.

»Scheuere Menschen werden versuchen, die Kabinen zu nutzen«
Aus einem Interview[223]

»Ich bin ein Mann von 44 Jahren. Mir sind seit etwa zwanzig Jahren öffentliche Bedürfnisanstalten geläufig, zumal ich in früherer Zeit nicht wußte, daß es Lokalitäten oder öffentliche Lokale gibt, in denen man sich treffen kann, über seine Sorgen und Bedürfnisse sprechen, ein paar andere kennenlernen, mit denen man sexuellen oder intimen Kontakt hat – ein paar andere, die dann später zum Freundeskreis zählen, mit denen man all die Dinge tut, die eben auch andere Menschen miteinander tun.

Heute suche ich die Toilette nurmehr auf, wenn ich muß, oder an ganz wenigen Tagen, wenn ich jemand sehe, der mir gefällt, um mit ihm zu quatschen. Es kann auch passieren, so um zwei, drei Uhr nachts, wenn ich eigentlich nicht ausgehen wollte oder ausgegangen bin und niemanden gefunden habe, daß ich vielleicht eine Viertelstunde lang mit jemandem etwas mache. Das ist also mehr dem Zufall überlassen.

In früheren Zeiten, als ich körperlich noch sehr viel drängender war, war es ein Ort, den ich ziemlich regelmäßig aufgesucht habe. Am Wochenende vor allem und da nicht vor ein oder zwei Uhr nachts. Während des Tages konnte es schon passieren, daß ich am Nachmittag mich in den Englischen Garten begeben habe. Dort ist an der Lerchenfeldstraße eine öffentliche Toilette, die fast ausschließlich von Leuten unserer Neigung benutzt wird. Desgleichen gibt es noch eine öffentliche Toilette neben dem Müller'schen Volksbad an der Ludwigsbrücke; ebenso am Südlichen Friedhof in der Kapuziner-/Ecke Thalkirchener Straße und am Polizeipräsidium in der Ettstraße. Beide waren mir so unheimlich, sehr sehr dunkel, in sehr üblem Zustand. Und die Leute, die man dort getroffen hat, waren meistens aus dem Asozialen-Milieu, oder sie waren vom Alter

her schon etwa über 70 oder 80 und hatten einen so starken sexuellen Druck, daß sie sich einfach nicht vernünftig verhalten konnten. Desgleichen gibt es auch eine sehr stark frequentierte Anlage im Bereich der S-Bahn am Stachus. Dort ist es ebenso. Ich meide sie grundsätzlich, denn die Leute, die dort verkehren, verhalten sich zwanghaft, und man hat so fast den Eindruck, vergewaltigt zu werden.

Der Ablauf des sexuellen Kontaktes in den Toiletten ist normalerweise folgender: Man stellt sich hin zum Pissen; das ist das einfachste. Da braucht man nicht lang eine Hemmschwelle zu überwinden, wenn man sowieso muß. Man hat dabei die Gelegenheit, die Größe und Beschaffenheit der Genitalien zum Ausdruck zu bringen bzw. anderen zuzusehen und dann zu entscheiden, ob der andere die Beschaffenheit mitbringt, die einen stimuliert.

Scheuere Menschen werden natürlich versuchen, die Kabinen zu nutzen, weil sie feststellen, daß die Bewegungsfreiheit entsprechend eingeschränkt ist. Es gibt Leute, die die Kabinen geradezu brauchen, um körperliche Stellungen zu praktizieren, die ihnen dort sehr viel einfacher erscheinen, indem sie z. B. die Hände auf die Schüssel abstützen.

Meistens gehen die Leute auf öffentliche Toiletten, die in gay-bars nicht die Chancen hätten, weil sie etwa nicht in der Lage sind, andere zu unterhalten, auf die Bedürfnisse anderer einzugehen oder interessant auszusehen, so daß sie auch Anklang finden. Aber auch viele von denen, die aus anderen Gründen keinen Partner gefunden haben, gehen, um den Abend nicht ganz ohne sexuelle Stimulierung ausklingen zu lassen, nachträglich noch auf irgendwelche Toiletten in der Nähe.

Der Kontakt läuft meist sehr schnell und sehr unpersönlich ab. Das heißt aber nicht, daß man, wenn man die Toilette gemeinsam verläßt, nicht draußen noch miteinander redet oder einen zum Auto begleitet oder ein Stück mitgenommen wird. Es sind schon persönliche Dinge möglich, aber erst hinterher. Persönliche Dinge würden den Ablauf selber stören, da es eine stille Übereinkunft gibt, daß man den Kontakt möglichst unpersönlich gestaltet. Das ist sehr auf das Sexuelle und Körperliche fixiert, weniger auf das Emotionale und auch viel weniger auf den Kontakt von Individuum zu Individuum.

Am Wochenende, vor allem in der warmen Jahreszeit, sind die Toiletten ziemlich stark frequentiert und der, der in so eine öffentliche Toilette zu dieser Zeit hineingeht, gibt fast ausschließlich zu erkennen, daß er dort nicht das Bedürfnis verrichten möchte, zu dem sie gebaut wurde, sondern ein erweitertes Bedürfnis, nämlich nach sexueller Kontaktaufnahme.

Die Ausstattung der Toilette, das Aussehen der Räumlichkeiten spielen durchaus eine Rolle. Als die Wände zu früheren Zeiten mit Teer belegt waren, also eine möglichst einfache Situation, wirkten sie stimulierender, ursprünglicher, wirkten sie romantischer. Die Kacheln der Toiletten stimulieren nicht in dem Ausmaß, sie tun es aber auch. Früher hat man auch versucht, das Licht in den Toilettenanlagen zu zerstören, so daß gerade das natürliche Licht von der Straße oder vom Mond hereinkam, um eine geheimnisvolle Atmosphäre zu schaffen.

[In manchen Toiletten finden sich auf halber Höhe Löcher in der Trennwand zwischen den Kabinen.] Diese Situation bedeutet einerseits Unsicherheit, und andererseits wird Neugier dadurch geschürt. Es sind einige wenige, die diese Löcher ständig bohren und die versuchen zu sehen, wer an das Loch herangeht. Wenn ihnen der nicht entspricht, nehmen sie mit ihm auch keinen Kontakt auf.

Oft ist es auch so, daß man weiß, zwischen welchen Kabinen sich Löcher befinden. Die Leute, die interessiert sind, sehen sich zuvor, gehen in die Kabinen und nehmen Kontakt über das Loch auf. Das heißt: Wenn die Genitalien durchgeschoben werden, ist der Blick auf den Menschen ausgeblendet. Das Genital wirkt als einziges, überstark und überstimulierend. Die Gesamterscheinung wird ausgeblendet, von dem, der sich damit beschäftigt, und von dem, der ihn sich damit beschäftigen läßt. Es ist auch ein wenig der Reiz des Gefährlichen. Er weiß nicht, was passieren könnte. Es ist gerade in diesem Bereich ein Spiel zwischen lebensbedrohlichen Kräften, die sexuell ungeheuer stimulieren, und andere fühlen sich stimuliert, wenn sie Macht über Menschen haben, auch wenn ihnen diese Macht nur für kurze Zeit übertragen ist. Also ein masochistisches oder sadistisches Verhältnis beider Partner in wechselnden Stärken.

Was die Klientel anbetrifft, so sind es etwa Fünfundzwanzig- bis Dreißigjährige, die den meisten Kontakt über solche »glory holes« aufnehmen.

Die öffentliche Toilette ist zweifellos schmutzig. Sie wird zwar meistens jeden Tag gereinigt, aber während des Tages gehen die normalen Benützer hin und passen nicht auf. Oder sie empfinden es als ein Vergnügen, die Toilette zu verunreinigen, weil sie nicht zu ihrem häuslichen Umfeld gehört und sie nicht dafür Sorge tragen müssen. In der Nacht ist die Toilette maximal verunreinigt. Exkremente wirken für fast alle sehr abstoßend und sehr störend. Der normale Zersetzungsgeruch der Harnsäure wirkt wohl für die ersten Besuche sehr in Frage stellend. Doch es ist eine völlig andere Welt, geradezu eine Anti-Welt zu der bürgerlichen, normalen, die man kennengelernt hat. Und irgendwann kehrt sich dieses Verhältnis um, und dieser Geruch wird so unglaublich stimulierend — mit dem Schmutz, mit dem ganzen Umfeld, weil man weiß: Das ist ein Ausbrechen aus der normalen Gesellschaft in eine Welt, einen Raum, der ausgeblendet ist von allem, der eher im illegalen Bereich liegt, in dem man Angst hat vor der Polizei, vor Observierungen, vor der Feststellung der Personalien. Man muß mit Anzeigen rechnen wegen Hausfriedensbruch bzw. wegen Erregung öffentlichen Ärgernisses, wenn einem nachgewiesen werden kann, daß man da unten tätig war. Und man muß auch damit rechnen, daß man von jungen Menschen, Rockern und

Gewalttätigen, überfallen wird. Es ist schon hin und wieder vorgekommen, daß man dort beraubt, daß man niedergeschlagen wird. Das ist aber sehr, sehr selten, denn wenn mehrere drin sind, dann trauen sich auftretende kleine Gruppen nicht mehr.

Die Angst vor der Polizei ist sehr präsent. Wenn die Türe aufgeht und es ist sehr schwach frequentiert, dann gehen alle in eine Stellung, die sehr unverfänglich ist, und schauen, wer reinkommt. Wenn der, der reinkommt, ein normaler Benutzer ist, dann halten sie so lange still, bis der sich wieder entfernt hat. Die Polizei ist ausschließlich im Funkstreifenwagen und in Uniform als solche erkennbar. Es kam an einigen Toiletten in der Innenstadt vor, daß zivile Beamte eingesetzt worden sind während der Tageszeit. Das ist aber meines Wissens eingestellt worden. Die Polizei kontrolliert auch nur das Umfeld, also vor den öffentlichen Toiletten. Heute ist sie etwas duldsamer geworden als früher. Bis vor kurzem war es noch so, daß sie darauf gesehen haben, daß von jedem, der in irgendeiner Form tätig gewesen sein konnte, die Personalien festgestellt wurden.

Von den älteren weiß ich, daß in den 1950er Jahren der Gang zur öffentlichen Toilette auch eine Selbstverständlichkeit war. Dort hat man sich aber nicht produziert. Man hat sich fast ausschließlich dort verabredet, hat die Adressen ausgetauscht bzw. hat den Partner mitgenommen. Und das Verstehen war sehr viel differenzierter. Man hat mit entsprechenden Blickkontakten oder Gebärden angedeutet, was man eigentlich gerne hat, was man bevorzugt, und man hat sich nicht so stark exponiert.

Bei den Praktiken findet man den analen Sex heute fast überhaupt nicht mehr, weil das Thema Aids natürlich ein sehr prekäres Thema geworden ist. Es sind sehr viele Anschläge, auch inzwischen auf der Toilette, daß man ein Kondom benutzen soll. Inwieweit das berücksichtigt wird, kann ich nicht beurteilen. Ich habe seit längerer Zeit niemanden mehr gesehen, der das auf einer öffentlichen Toilette ohne Kondom gemacht hätte. Das Penetrieren scheint im Moment auch nicht mehr so im Trend zu liegen. Der orale Sex bzw. das gegenseitige Masturbieren scheint im Moment der Trend überhaupt zu sein. Aus Sicherheitsgründen werden Dinge, die eher dem Sicherheitsbedürfnis entsprechen, eben auch lustbesetzt, um nicht das Gefühl zu haben, wir haben jetzt weniger, sondern wir machen etwas anderes, was eben auch Spaß macht.

Für die Zukunft könnte ich mir vorstellen, daß entsprechende stimulierende Musik, etwa gut ausgewählte Endlosbänder, durchaus eine neue Ära von Klappenkultur auftun würde. Aber ich nehme an, daß das ein Vorschlag ist, der wohl eher auf taube und amusische Ohren in der Stadtverwaltung fällt.«

Pißbude

Frühlingsparkett.
Die kleine Steigung.
Im Platz: Ein Dreieck,
Rosa Dreieck, denke ich mir
Etwas in Jeans,
Etwas, die Hände
Vergraben im Sack,
Hosenträger, weißes Hemd:
Frühlingsparkett

Belle Epoque
Mit Rostflecken.
Achtung,
Frisch gestrichen, Achtung –
Flecken
Auf die frisch gewaschene Jeans.
Die Tür geht zu.
Das Bein breit,
501, der Stall
Die Tür geht zu.
Frühlingsparkett.

Die kleine Steigung

Franz Umsorg

142

143

Wer pisst mich
an?
Bim iteressiert
wann?

144

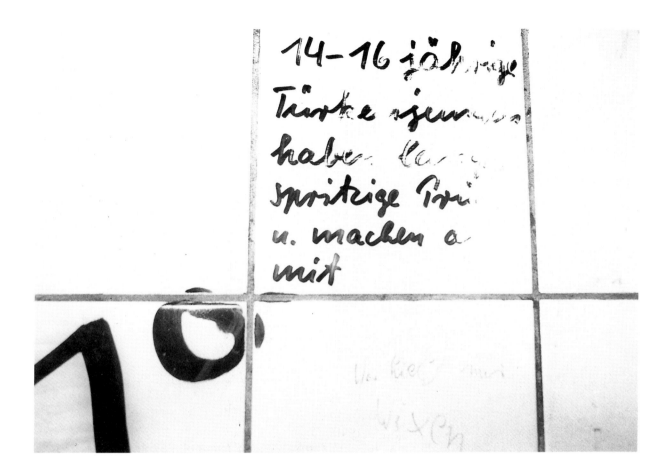

147

148

»Kommen S' raus oder wir müssen aufschließen!«
Die Bedürfnisanstalt als Zufluchtsort Nichtseßhafter

Wir begleiten zwei Mitarbeiter des Liegenschaftsamtes auf ihrer vormittäglichen Runde, die zur Kontrolle des Inventars und zur Entleerung der Münzautomaten turnusmäßig unternommen wird. In der Frauenabteilung der Bedürfnisanstalt Schelling-/Türkenstraße ist eine Kabinentür von innen verschlossen. Füße in dicken Wollsocken und ausgetretenen Schuhen ragen unter der Tür aus der Kabine. Ein Mensch liegt dort auf dem Boden. Laute sind nicht zu hören. Einer unserer Begleiter, Herr S., klopft an die Tür: »Kommen S' raus da bitte!« Der Mann auf dem Boden der Zelle rührt sich nicht. »Kommen S' raus oder wir müssen aufschließen.« Herr S. klopft härter. Der Mann bewegt sich. Eine tiefe Stimme beschwichtigt: »Ja, ja, ich komm ja scho.« Nach einer Weile öffnet sich die Tür, und es erscheint ein älterer Mann in einem schwarzen abgetragenen Wintermantel. Seine trüben Augen über dem wuchernden grauen Vollbart sehen uns nur kurz an, dann heftet sich sein Blick an den Boden. In der einen Hand trägt der Mann eine prallgefüllte Plastiktüte, in der anderen ein paar zerknitterte Zeitungsblätter. Während er sich aus der Türöffnung zwängt, tritt Herr S. einen Schritt zurück. »Was machen S' denn da drin in der Damenabteilung?« – »Schlafen, was sonst.« Leicht gebückt, die Augen vor sich auf den Boden gerichtet, verläßt der Mann mit langsamen Schritten die Bedürfnisanstalt.[224]

Haben homosexuelle Männer im Zuge ihres eigenen Emanzipationsprozesses die Bedürfnisanstalt als Umgebung für eine Spielart sexueller Betätigung mittlerweile in ihrer Kultur etabliert, ist sie für diese völlig andere, soziale Minderheitengruppe noch immer Zufluchtsort in der Not. Nichtseßhafte versorgen sich hier nicht nur mit Wasser; manche von ihnen – und es werden immer mehr[225] – suchen sie auch als Schlafplatz auf, der ihnen vor allem im Winter Wärme geben kann. Diese Menschen, als »Penner« ohnehin gerne aus Bewußtsein und Stadtbild verdrängt, müssen die Bedürfnisanstalten illegal als Nachtquartier nutzen, da ihnen die wichtigste Überlebenshilfe beim Nächtigen unter freiem Himmel oder in zugigen Passagen fehlt: der Schlafsack. So bleibt ihnen wenig anderes, als in den Toilettenkabinen Unterschlupf zu suchen, aus denen sie doch immer wieder vertrieben werden.

»Wenn einer an Schlafsack hat, schlaft er in keiner Toilettn«
Aus einem Interview[226]

»Das sind immer die gleichen Leut, die in der Anstalt übernachten. Das sind ältere, die sich heraußen nicht zurechtfinden, weil s' keinen Schlafsack haben.

Übernachtet wird vor allem in der Türkenstraße, Odeonsplatz, Marienplatz, Ostbahnhof, Rosenheimer Platz. Die Behinderten-Toiletten suchen s' am meisten auf, weil s' da mehr Platz drin haben als bei den anderen.

In der Schellingstraße, wo die öffentlichen Toiletten sind, übernachten meistens zwei bis drei Leute. Das Übernachten in Gruppen hängt meistens mit dem Alkohol zusammen. Haben s' nix zum Trinken und fallt einer ins Delir, daß dann einer dem anderen hilft. Wenn das Trinken ausgeht, dann gibt's das Ins-Delir-Fallen und das kann bös ausgehen. – Und auch wenn's andere Schwierigkeiten gibt, ist's in der Gruppe besser. Einer is jetzt abg'himmelt, auch auf der Toilette. An Herzversagen. Das war in der Universität drunten. Vor Weihnachten. Da is der g'storben drin. Der war noch jung, der war vierazwanzig Jahr alt.

Die Anstalten werden meistens im Winter aufgesucht und halt bei schlechtem Wetter. Wenn ma die Veterinärstraße reingeht in Richtung Englischer Garten, die öffentliche Toilettn, dort übernachten auch viele. Die Toiletten sind Tag und Nacht offen. Es steht zwar ein Schild dort, daß zugeschlossen wird in der Nacht, aber das stimmt net. Manche werden überwacht von der Wach- und Schließgesellschaft oder den Schwarzen Sheriffs im U-Bahn-Bereich.

Es wird in den Kabinen übernachtet, weil s' dort am wenigsten kontrolliert werden können. Und da drin übernachtet dann jeder in einer anderen Kabine. Die Toiletten sind ja groß. Vor der Muschel liegen die dann meistens. In die Decken wickeln sie sich ein. Die haben schon meistens Decken oder so was. Und im Winter sind die öffentlichen Toiletten ja geheizt, daß das Wasser net eing'friert.

Frauen übernachten im Freien und haben halt auch meistens Schlafsäcke. Oder sie kriegen bei Bekannten Unterschlupf. Ich selbst übernachte nicht in öffentlichen Toiletten, weil mir das nix bringt da drin. Es is net, weil mir das unangenehm wäre, sondern weil ich hab einen guten Schlafsack und dann bin ich die Räume net gewohnt und – da wird man doch mal rausgeschmissen. Die, wo drin schlafen, die haben keine Angst. Denen ist das egal. Das sind höchstens zwei, drei Tag im Polizeirevier, dann schmeißen s' die dort auch wieder raus. Gut, sie können bis zu sechs Monat kriegen. Aber die Leut sind abg'stumpft. Denen ist das vollkommen egal, ob da jetzt einer kommt oder net. Die meisten sind ältere Leut, die schon körperbehindert sind und die Kälte heraußen nimmer so durchhalten. Wenn die einer rausschmeißt, dann gehen s' halt danach wieder rein.

Die suchen halt nur net die Toiletten in den Untergeschossen auf, in den U-Bahnhöfen. Weil da haben s' Angst, daß die Schwarzen Sheriffs zuschlagen. In dieser Hinsicht sollte die Stadt schon mehr machen, weil das sind öffentliche Toiletten. Gut, daß das Übernachten verboten ist, das ist klar. Und auf's Klo geh ich da sowieso net. Da, wo ich schlaf, ist in der Nähe eine Baustelle. Da hams a Toilettn für die Bauarbeiter aufg'stellt. Da geh ich nei, wenn i muß. Aber wenn einer auf a öffentliche Toilettn gehen muß, weil da a Wasser drin is, daß ma sich a bissl waschen kann oder wenn ma an Brand hat und nix zum Trinken, daß ma dann wenigstens von der Wasserleitung trinken kann – net amal das ist gestattet in den Untergeschossen. Ich bin überhaupt jetzt in Schwierigkeiten. Weil ich Diabetiker bin, muß ich jetzt Insulin spritzen. Da haben s' mir schon Schwierigkeiten gemacht, weil ich die Spritze auf der Toilettn auswaschen muß, unter der Wasserleitung. Da sagen s': ›Des is a Fixer.‹ Da is schon a paar Mal die Polizei gekommen und hat gesehen, daß das Insulin ist. Na sag i: ›Wo soll ich die Spritz'n denn reinigen?‹ Also dafür geh ich schon in die öffentlichen Toiletten, aber übernachten — wenn einer an Schlafsack hat, schläft er in keiner Toilettn. Der legt sich wohin, wo's bissl überdacht is, aber in keine Toilette.«

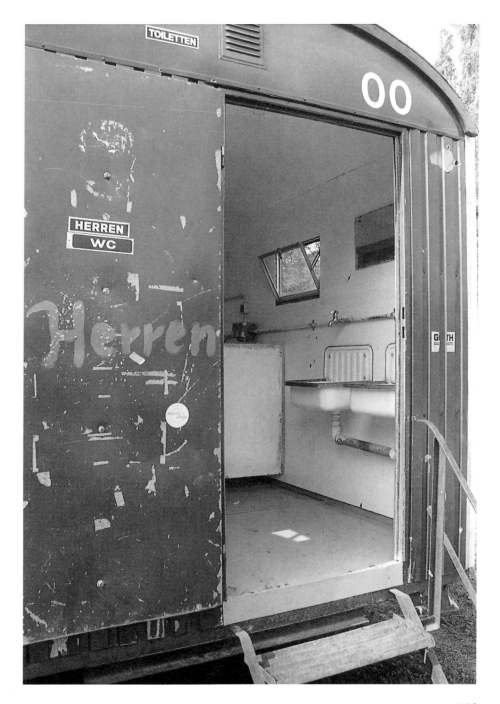

160

Anmerkungen

1 Interview, Bandaufzeichnung 13. Februar 1989

2 Kgl. Staatsministerium des Innern, 26. Juni 1827, Stadtarchiv München, »Bedürfnisanstalten« (Bed.-Anst.) 1

3 Gutachten 14. September 1827, Bed.-Anst. 1

4 ebd.

5 zu stadthygienischen Maßnahmen bezgl. München siehe etwa auch:
Gemeindliches. Ein Streiflicht auf Münchener Verhältnisse. München 1875
Die Entwicklung Münchens unter dem Einflusse der Naturwissenschaften während der letzten Dezennien. Festschrift der LXXI. Versammlung deutscher Naturforscher und Aerzte. München 1899
Karl Singer, Hygiene und soziale Fürsorge in München. München 1913

6 mit ausschlaggebend war hier das Bevölkerungswachstum; die Einwohnerzahl Münchens stieg von 1820 bis Anfang der 1870er Jahre um über 40000 auf ca. 170000

7 vgl. Max. v. Pettenkofer, Vorträge über Canalisation und Abfuhr. München 1876, S. 56
s. a. Festschrift zur XXX. Jahresversammlung des Deutschen Vereins von Gas- und Wasserfachmännern. München 1890, S. 33

8 zur Kanalisation in München siehe etwa auch:
J. Forster, Wasserversorgung und Canalisation, in: München in naturwissenschaftlicher und medicinischer Beziehung. München 1877, S. 204–208
Deichstätter, Schwemmkanalisation, in: Die Entwicklung Münchens unter dem Einflusse der Naturwissenschaften während der letzten Dezennien, S. 62–71
Otto Loesch, Chronik der Stadtentwässerung Münchens. München 1951
Stadtentwässerung München. Herausgegeben vom Baureferat Tiefbau, Abteilung Stadtentwässerung der Landeshauptstadt München. München 1969
100 Jahre Stadtentwässerung München 1885–1985. München 1985

9 Max v. Pettenkofer, Untersuchungen und Beobachtungen über die Verbreitungsart der Cholera, nebst Betrachtungen über Maßregeln, derselben Einhalt zu thun. München 1855, S. 247

10 Max v. Pettenkofer, Die Choleragefahr für München. Separatabdruck aus den »Münchner Neuesten Nachrichten«. München 1884, S. 17 f.

11 ebd., S. 17

12 Max v. Pettenkofer, Die Typhusbewegung in München von 1851 bis 1887, in: München, eine gesunde Stadt. Separatabdruck aus der »Wissenschaftlichen Rundschau« der Münchner Neuesten Nachrichten. München 1889, S. 3–27; S. 19

13 zu Arbeit und Zusammensetzung der Kommission s. a.:
Peter Münch, Wasserversorgung und Kanalisation als Gemeindeaufgabe in der 2. Hälfte des 19. Jahrhunderts, dargestellt am Beispiel Münchens. (Unveröffentl. Magisterarbeit) München1986, S. 17

14 Pettenkofer weist in seinem Aufsatz »Die Typhusbewegung in München von 1851 bis 1887« darauf hin, daß mit den Schlacht-

stätten zahlreiche Abfall- und Versitzgruben verbunden waren. »Man muß die Zustände und den Schmutz in den dazu dienenden... Hinterhöfen und Hintergebäuden gesehen und die Luft darin gerochen haben, um schätzen zu können, um wie viel der Boden Münchens durch Errichtung des neuen Schlacht- und Viehhofes jetzt weniger verunreinigt wird.« (S. 25)

15 tatsächlich wurde jedoch noch bis 1912 am weiteren Ausbau gearbeitet.

16 Zur Argumentation auf beiden Seiten siehe etwa:
Max v. Pettenkofer, Zur Einführung des Schwemmsystems in München. Separatabdruck aus den »Münchner Neuesten Nachrichten«. München 1890
Gegen das Schwemmsystem. Bemerkungen zu dem Aufsatze von Geh. Rath von Pettenkofer »Gut Ding braucht Weile«. München 1890

17 Pettenkofer, Zur Einführung des Schwemmsystems, S. 2

18 siehe hierzu:
Münch, S. 16 f.

19 Alain Corbin, Pesthauch und Blütenduft. Eine Geschichte des Geruchs. Frankfurt a. M. 1988, S. 121

20 Heide Berndt, Hygienebewegung des 19. Jahrhunderts als vergessenes Thema von Stadt- und Architektursoziologie, in: Die alte Stadt. Zeitschrift für Stadtgeschichte, Stadtsoziologie und Denkmalpflege 2/1987, S. 140–163; S. 143

21 vgl. Hugo Wilhelm v. Ziemssen, Ein weiterer Beitrag zur Typhus-Frage, in: München, eine gesunde Stadt, S. 28–36

22 Korrespondenz zwischen den Verwaltungsreferaten 9 und IIa, 19. März 1909 bzw. 30. März 1909, Bed.-Anst. 10

23 Bed.-Anst. 1

24 vgl. Gutachten des Stadtbauamtes 19. Juli 1852, Bed.-Anst. 1

25 ebd.

26 vgl. Beschluß 3. August 1852 und Mitteilung der kgl. Polizeidirektion 11. August 1852, Bed.-Anst. 1

27 kgl. Polizeidirektion, Schreiben an Magistrat 11. August 1852, Bed.-Anst. 1

28 Protokoll 9. November 1852, Bed.-Anst. 1

29 Protokoll 31. August 1855, Bed.-Anst. 1

30 Mitteilung an Stadtbauamt 7. September 1855, Bed.-Anst. 1

31 Protokoll 26. September 1855, Bed.-Anst. 1

32 27. September 1855, Bed.-Anst. 1

33 vgl. Vorgänge vom Juli 1857, Juli 1858, Juli 1860, November 1862 und Juni 1863; Bed.-Anst. 1

34 Schreiben vom 31. März 1859 und 2. Juli 1859, Bed.-Anst. 1

35 Beschwerde-Eingabe mit 19 Unterschriften bezgl. eines Pissoirs an der Lilienstraße vom 7. März 1879, Bed.-Anst. 1

36 4. Januar 1865, Bed.-Anst. 1

37 23. Januar 1865, Bed.-Anst. 1

38 Staatsministerium des Innern, Schreiben vom 26. Juni 1827; kgl. Regierung von Oberbayern, Schreiben vom 9. August 1842; Bezirkskommission des Kreuzviertels, Eingabe an Polizeidirektion vom 21. Juni 1852; Bed.-Anst. 1
s. a. Antrag auf Errichtung einer Bedürfnisanstalt an der Theresienwiese 9. Januar 1905, Bed.-Anst. 132

39 Beschwerde-Eingabe bezgl. öffentlicher Aborte in der Au vom 4. Juli 1893, Bed.-Anst. 13

40 vgl. Stadtbauamt, Erfahrungsbericht vom 31. August 1853, Bed.-Anst. 1

41 vgl. Abschrift eines Artikels »Einige ärztliche Winke betreffend die Anlage öffentlicher Bedürfnisanstalten«, Technisches Gemeindeblatt, Nr. 7/ 5. Juli 1904, Bed.-Anst. 1

42 vgl. Stadtbauamt, Stellungnahme zu einem Beschwerdebrief, 16. November 1901; Bed.-Anst. 7

43 vgl. »Verzeichnis der Pißstände, welche mit Oel bzw. welche nur im Winter mit Oel behandelt werden«, 13. Dezember 1902; Bed.-Anst. 7
zur Einführung des »Beetz'schen Oelpissoirs« s. a. Gutachten 13. August 1896, Bed.-Anst. 17

44 vgl. Stadtbauamt, Stellungnahme zu einem Beschwerdebrief, 9. Januar 1912; Bed.-Anst. 2

45 Angebotsschreiben Fa. Rummel & Philippi, Stromberg, 4. Mai 1859; Bed.-Anst. 1

46 Stadtbauamt, Stellungnahme vom Mai 1859, Bed.-Anst. 1

47 vgl. Magistrat, Stellungnahme vom 4. August 1865, Bed.-Anst. 1

48 Stadtbauamt, Mitteilung an Magistrat vom 2. August 1865, Bed.-Anst. 1

49 vgl. Kollegium der Gemeindebevollmächtigten, Beschluß vom 8. August 1865, Bed.-Anst. 13

50 vgl. Kollegium der Gemeindebevollmächtigten, Mitteilung an Magistrat vom 12. September 1865, Bed.-Anst. 1

51 Stadtbauamt, Stellungnahme vom 24. September 1865, Bed.-Anst. 1

52 Stadtbauamt, Stellungnahme vom 7. Juli 1872, Bed.-Anst. 1

53 Protokoll einer Anzeige der Bauarbeiter gegen den Anrainer vom 11. Juli 1865, Bed.-Anst. 1;
öffentliche Abtritte mit Sitzaborten gab es übrigens schon vor 1865. Belegt sind sie z. B. für den Bereich des Viktualienmarktes. Diese Aborte, an fließendem Wasser errichtete Bretterverschläge, bestanden aus einer Kabine für Frauen und einer für Männer. Die beiden Kabinen waren nur durch eine Holzwand getrennt. Diesen Umstand machte sich 1858 ein Voyeur zunutze, der ein Loch in diese Zwischenwand bohrte (Urteil vom 22. Juli 1858, Bed.-Anst. 1). Diese Aborte waren vor allem für die auf dem Markt tätigen Personen bestimmt. Die organisatorische und technische Betreuung dieser Aborte unterstand der Marktverwaltung.

54 »Instruction für die Wächterin beim öffentlichen Abtritt am Maximiliansplatze« 1865, Bed.-Anst. 1

55 Stadtbauamt, Projekterläuterung vom 15. Oktober 1864, Bed.-Anst. 1

56 vgl. Anm. 55 und anschließende Vorgänge, Bed.-Anst. 1

57 vgl. jährliche Aufstellungen, Bed.-Anst. 1

58 vgl. Magistrat, »Festsetzung der Eintrittsabgaben in die öffentlichen Aborte« 1876, Bed.-Anst. 1

59 Inventarverzeichnis 1897, Bed.-Anst. 2

60 vgl. »Statut für die öffentlichen Bedürfnisanstalten« 1891, Bed.-Anst. 2

61 vgl. »Programm für die Erbauung von Bedürfnisanstalten« 1902, Bed.-Anst. 3

62 vgl. Antrag an Magistrat vom 8. April 1897 bezgl. der Vermehrung von Bedürfnisanstalten »für die weibliche Bevölkerung… [insbesondere]… von Anlagen mit unentgeltlicher Benützung, um dadurch einem besonders in hygienischer Beziehung bedenklichem Übelstande abzuhelfen«, Bed.-Anst. 13

63 vgl. Referat II a, Stellungnahme vom 3. März 1902, Bed.-Anst. 3

64 vgl. Stadtbauamt, Aufstellung vom 27. Dezember 1901, Bed.-Anst. 3

65 Verwaltungsrat Kirchmaier, Bericht vom 17. Dezember 1901, Bed.-Anst. 3

66 ebd.

67 ebd.

68 Bezirksinspektor Bojer, Bericht vom 10. Dezember 1901, Bed.-Anst. 3

69 »Programm für die Erbauung von Bedürfnisanstalten«

70 Stadtbauamt, Aufstellung vom 20. Januar 1903, Bed.-Anst. 3

71 die Hamburger Freiaborte hatten keine Türen oder Vorhänge; die Trennwände zwischen den Einzelkabinen waren nur sehr niedrig. Die sanitäre Vorrichtung bestand in »einfachen Trögen mit Wasserspülung«.
vgl. Stadtbauamt, Gutachten vom 23. Januar 1902, Bed.-Anst. 3

72 vgl. Stadtbauamt, Planungserläuterung vom 13. Januar 1906, Bed.-Anst. 3

73 ebd.

74 Gefällskontrolleur Weberndorfer, Bericht vom 4. September 1913, Bed.-Anst. 3

75 Revisionsamt, Stellungnahme vom 4. September 1913, Bed.-Anst. 3

76 vgl. etwa Anzeigen bezgl. grober Verunreinigungen des Pissoirs unter dem Trambahnwartehäuschen am Bahnhofsplatz 1903 und 1904, Bed.-Anst. 7 bzw. 2

77 Magistrat, Antwortschreiben an die Fa. Kullmann & Lina vom 15. April 1901, Bed.-Anst. 7

78 vgl. Stadtbauamt, Verzeichnung in einem Stadtplan 1905, Bed.-Anst. 2

79 Stadtbauamt, Aufstellung vom 4. Januar 1907, Bed.-Anst. 2

80 »Parteilose Vereinigung München-Nordost«, Antrag vom 10. Januar 1903, Bed.-Anst. 13

81 MNN, 11. November 1907

82 Verein zur Förderung des Fremdenverkehrs in München und im bayerischen Hochland e.V., Schreiben an Magistrat vom 25. Juni 1909, Bed.-Anst. 10

83 vgl. Plenar-Beschluß des Magistrates, Schreiben an das kgl. Staatsministerium des Innern vom März 1910, Bed.-Anst. 10

84 ebd.

85 die Anstalt am Karlsplatz verzeichnete z. B. im Jahre 1892 eine Besucheranzahl von 81500; bis 1896 wuchs diese auf 140766.
vgl. Antrag auf Einstellung einer zweiten Toilettenfrau vom August 1897, Bed.-Anst. 2

86 vgl. hierzu auch:
Martin Illi, Von der Schissgruob zur modernen Stadtentwässerung. Zürich 1987, S. 112;
der Autor stellt in bezug auf die Züricher Situation ähnliche Probleme fest. »Tarnung« galt auch dort als Mittel, die Einrichtung am Leben zu halten.

87 »Programm für die Erbauung von Bedürfnisanstalten«

88 vgl. etwa diverse Beschwerde-Eingaben bezgl. der Kennzeichnung der Anstalt am Karlsplatz, Bed.-Anst. 1

89 Bayerischer Architekten- und Ingenieur-Verein, München und seine Bauten. München 1912, S. 662

90 »Programm für die Erbauung von Bedürfnisanstalten«

91 vgl. Winfried Nerdinger, Theodor Fischer, Architekt und Städtebauer 1862–1938. Ausstellungskatalog der Architektursammlung der Technischen Universität München und des Münchner Stadtmuseums. Berlin/München 1988, S. 193

92 die Wünsche aller Beteiligten waren auch mit der Verlegung unter die Erde nicht zu erfüllen. So beklagten sich nun vereinzelt Benützer darüber, daß der Magistrat »aus überästhetischem oder übermoralischem Gefühle die oberirdischen Bedürfnisanstalten ganz verbannt wissen« wolle. Beim Besuch der schlecht beleuchteten unterirdischen Anlagen könne man leicht stürzen und sich verletzen. (Zitat: Beschwerde-Eingabe vom 20. Mai 1902, Bed.-Anst. 2)

93 vgl. Corbin, S. 83

94 vgl. Norbert Elias, Über den Prozeß der Zivilisation. Soziogenetische und psychogenetische Untersuchungen, Bd. 2. 13. Aufl., Frankfurt a. M. 1988, S. 387 f.

95 ebd., S. 388

96 Berndt, S. 157

97 ebd.

98 zur Entstehung des »analen Charakters« und dessen Beziehung zu Ideologie und Biographien der Hygieniker vgl. Berndt, S. 156 f.

99 ebd.

100 Christian Enzensberger, Größerer Versuch über den Schmutz. Frankfurt a. M. 1980, S. 9

101 »Programm für die Erbauung von Bedürfnisanstalten«

102 Kollegium der Gemeindebevollmächtigten, Plenar-Beschluß vom 13. Februar 1907, Bed.-Anst. 2

103 ebd.

104 zu Herkunft und Konstruktionsart vgl.: Cotournix, Erbauliche Enzy-Clo-Pädie. Kulturgeschichte eines verschwiegenen Örtchens. Wien/München 1979, S. 102 ff.

105 Verwaltungsrat Pickelmann, Stellungnahme vom 2. Februar 1907, Bed.-Anst. 2

106 Magistrat, Vormerkung vom 13. März 1907, Bed.-Anst. 2

107 Angebot Fa. Brüder Voit, Nürnberg, vom 9. März 1907, Bed.-Anst. 2

108 Stadtbauamt, Stellungnahme zu einem Angebot der Fa. Biebl & Co, 1909; Bed.-Anst. 2

109 Stadtbauamt, 4. Januar 1907; Bed.-Anst. 2

110 Interview, Bandaufzeichnung 13. Februar 1989

111 »Klosettschutzdecken« zur Vermeidung von Ansteckungskrankheiten wurden in einer Ausführung für Frauen und einer für Männer angeboten. Obwohl den Herstellungsfirmen erlaubt wurde, sie über die Toilettenfrauen an das Publikum zu verkaufen, konnten sich diese Artikel nicht etablieren. Dies lag einerseits daran, daß die Wärterinnen kaum Zeit hatten, die Schutzdecken anzubieten; andererseits fanden diese keine befriedigende Akzeptanz beim Publikum. Nachdem die Stadtverwaltung sich stets gegen die Einführung der teuren Hygieneartikel ausgesprochen hatte – man könne auch Klosettpapier auf den Sitz breiten, das somit den gleichen Zweck erfülle –, beendeten die Firmen schließlich ihre Werbung.
vgl. hierzu Vorgänge vom Mai 1909, Februar 1919, Dezember 1919 und Januar 1920; Bed.-Anst. 2

112 Begehung, Tonbandprotokoll 27. Juli 1988

113 ebd.

114 Interview, Bandaufzeichnung 13. Februar 1989

115 Stadtbauamt, Stellungnahme zu einem Beschwerdebrief, 16. November 1901; Bed.-Anst. 7

116 Stadtbauamt, 31. August 1904; Bed.-Anst. 7

117 Stadtbauamt, Bericht an Magistrat vom 13. Oktober 1909, Bed.-Anst. 2

118 hier ist eher von Beschmutzungen die Rede, die allerdings auch kaum mutwillig geschahen. So häuften sich z. B. Klagen nach der Einführung eines neuen Toilettenmodelles in den Anlagen am Stiglmaierplatz und an der Tegernseer Landstraße im Jahre 1912. Da bei den neuen Toiletten anstelle der Holzsitze nur »schmale Holzbacken in die Steinmasse eingelassen« waren, verunreinigten die Benützer »durch unwillkürliche Bewegungen … durch die in vielen Fällen überraschend wirkende Berührung der kalten Steinmasse« die Zellen. (Revisionsamt, Bericht vom 4. Mai 1912, Bed.-Anst. 5)

119 die Interviewpartnerinnen berichten zwar von Beschmutzungen, klagen jedoch nicht über Beschädigungen der Kabinen durch die Benützer.

120 ein ehemaliger Mitarbeiter des Liegenschaftsamtes berichtet, er habe während seiner Dienstzeit die Demolierung oder das Herausreißen von 30 bis 35 Waschbecken zu verzeichnen gehabt. (vgl. Interview, Bandaufzeichnung 13. Februar 1989)

121 Stadtbauamt, Bericht an Magistrat vom 13. Oktober 1909, Bed.-Anst. 2

122 Siegfried Müller, Der verborgene Alltag hinter der verschlossenen Tür, in: Zeitschrift für Volkskunde 1988/I, S. 26–38; S. 27 f.

123 Interview, Bandaufzeichnung 13. Februar 1989

124 Interview, Bandaufzeichnung 20. Februar 1989

125 Interview, Bandaufzeichnung 23. Januar 1989

126 Anstellungsgesuch vom 12. Dezember 1887, Bed.-Anst. 2

127 Krankenversicherungsbescheinigungen der Wärterinnen für das Jahr 1894, Bed.-Anst. 2

128 vgl. hierzu Kap. »…freilich – was sind schon Toilettenfrauen«

129 vgl. hierzu Kap. »…die Bestimmung der Baulichkeiten etwas mehr in den Hintergrund treten zu lassen«

130 Schriftsatz vom Mai 1898, Bed.-Anst. 7

131 Stadtbauamt, Bericht an Magistrat vom 2. August 1865, Bed.-Anst. 1

132 »Instruction für die Wächterin beim öffentlichen Abtritt am Maximiliansplatze« 1865, § 7

133 ebd., § 8

134 Magistrat, Anfrage vom November 1865, Bed.-Anst. 1

135 Stadtbauamt, Stellungnahme vom 15. November 1865, Bed.-Anst. 1; 1866 berichtet das Stadtbauamt, die Gebühreneinnahmen und der Taglohn ergäben zusammengenommen einen durchschnittlichen Tagesverdienst von 18 kr. (vgl. Bericht vom 15. Juni 1866, Bed.-Anst. 1)

136 Magistratsbeschluß vom 4. August 1865, Bed.-Anst. 1

137 um eine tatsächliche Verpachtung handelte es sich bei dieser Konstruktion allerdings nicht. Benützungsgebühren, Wasserverbrauch, Öffnungszeiten etc. wurden weiterhin vom Magistrat festgesetzt, so daß den Pächtern kein kalkulatorischer Spielraum blieb. Daher änderte sich auch nichts an der Unrentabilität der Anstalten, die weiterhin eine Bezuschussung benötigten. Die

Pächterinnen blieben also der Stadt lohnabhängig; vgl. hierzu Vorgänge aus den Jahren 1921–1926 und Rechtsgutachten bezgl. der »Verpachtung«, Bed.-Anst. 2

138 »Vorschrift für die Wärterinnen der Münchner Bedürfnisanstalten« 1897, § 4; Bed.-Anst. 2

139 Schreiben eines Magistratsrates an einen Charlottenburger Stadtrat vom 25. Oktober 1904, Bed.-Anst. 7

140 »Instruction für die Wärterinnen...« 1897, § 1

141 vgl. »Dienstvorschriften für die Wärterinnen der städtischen Bedürfnisanstalten« 1915, Bed.-Anst. 5

142 vgl. hierzu diverse Bewerbungsschreiben, Bed.-Anst. 2

143 vgl. Schriftproben und Anmerkungen auf Bewerbungsschreiben, Bed.-Anst. 2

144 Magistrat, Plenar-Beschluß vom 2. Juli 1912, Bed.-Anst. 5

145 »Vorschrift für die Wärterinnen...« 1897, § 1

146 Magistrat, Kündigungsschreiben an Frau Ursula Paur vom 28. Januar 1914, Bed.-Anst. 41

147 »Instruction für die Wärterinnen der Münchener Bedürfnisanstalten« 1888, Bed.-Anst. 8;
diese Dienstvorschriften betrafen nun gleichermaßen alle an städtischen Bedürfnisanstalten beschäftigten Wärterinnen, für die bis dahin individuelle Instruktionen abgefaßt worden waren. Ausgenommen blieben jedoch auch weiterhin die Wärterinnen der Aborte am Viktualienmarkt, die der Marktverwaltung unterstanden, und die Wärterinnen der Schwemmaborte, da ihr Aufgabengebiet sich von dem der an den städtischen Bedürfnisanstalten angestellten Frauen unterschied.

148 Neuauflagen erschienen in den Jahren 1891 (Bed.-Anst. 8), 1897 (Bed.-Anst. 2), 1901 (Bed.-Anst. 38), 1915 (Bed.-Anst. 5) und 1927 (Bed.-Anst. 8);
mit Veränderungen oder Erweiterungen der Dienstvorschriften reagierte die Stadtverwaltung stets auf Erfahrungen und Ereignisse. 1901 wurden in die Vorschriften Maßregeln für das Verhalten der Wärterinnen im Falle des Selbstmordes eines Besuchers aufgenommen. Es ist daher anzunehmen, daß Selbsttötung in der Kabine der Bedürfnisanstalt tatsächlich vorkam – und dies nicht nur in einem Fall. Möglicherweise schien dieser Ort für eine solche Tat geeignet, da sie in der verschlossenen Kabine ungestört ausgeführt werden konnte, dabei jedoch gleichzeitig die baldige Auffindung des Leichnams gewährleistet war.

149 »Instruction für die Wärterinnen...« 1888, § 6b

150 »Vorschrift für die Wärterinnen...« 1897, § 4

151 »Instruction für die Wärterinnen...« 1888, § 6f

152 ebd.

153 »Vorschrift für die Wärterinnen der Münchener Bedürfnisanstalten« 1901, § 4

154 »Instruction für die Wärterinnen...« 1888, § 6g

155 »Dienstesvorschriften für die Wärterinnen der städtischen Bedürfnisanstalten« 1915, § 11

156 »Instruction für die Wärterinnen der Münchener Bedürfnisanstalten« 1891, § 5

157 ebd., § 2

158 vgl. »Vorschrift für die Wärterinnen...« 1897, § 2 bzw. 1901, § 2

159 »Instruction für die Wärterinnen...« 1891, § 10

160 vgl. Inventarverzeichnis der Anstalt an der Ottostraße, 1897, Bed.-Anst. 2;
später wurden, dem »Programm für die Erbauung von Bedürf-

nisanstalten« zufolge, die Zellen zusätzlich mit einem Schreibstehpult, einem Spiegel, Schlüsselbrett und Geschirrstellage ausgestattet.

161 Revisionsamt, 4. Mai 1912; Bed.-Anst. 5

162 Referat IIa, 23. Juni 1919; Bed.-Anst. 5

163 Revisionsamt, 4. Mai 1912; Bed.-Anst. 5

164 »Instruction für die Wärterinnen...« 1891, § 11

165 zusätzlich zu den betreffenden Paragraphen in den Dienstvorschriften vgl. Rundschreiben des Magistrates vom 12. Mai 1906 bezgl. des Empfanges von Besuchern, Bed.-Anst. 14

166 »Vorschrift für die Wärterinnen...« 1901, § 5

167 Magistrat, Plenar-Beschluß vom 17. Dezember 1918, Bed.-Anst. 5

168 vgl. Schriftwechsel zwischen Referat IIa und Revisionsamt 1912; hier vor allem Revisionsamt, Schreiben vom 4. Mai 1912, Bed.-Anst. 5

169 Revisionsamt, 9. August 1912; Bed.-Anst. 5

170 ebd.

171 vgl. Eingabe vom 20. Juni 1906, unterzeichnet von 13 Abortwärterinnen, Bed.-Anst. 14

172 vgl. Magistrat, Plenar-Beschluß vom 29. Juli 1902, Bed.-Anst. 14

173 vgl. Magistrat, Plenar-Beschluß vom 21. August 1906, Bed.-Anst. 14

174 Magistrat, Plenar-Beschluß vom 2. Juli 1912, Bed.-Anst. 5

175 vgl. ebd.

176 vgl. Plenar-Beschluß vom 17. Dezember 1918, Bed.-Anst. 5;
s. a. Anmerkungen des Referates IIa zu den »Sonderbestimmungen für die städtischen Abortwärterinnen« vom 14. Juni 1919, Bed.-Anst. 5

177 Referat IIa, Stellungnahme an Referat XI vom 23. Juni 1919, Bed.-Anst. 5

178 vgl. Dienstvorschriften für die Wärterinnen;
s. a. »Dienstes-Instruktionen für die städtischen Bezirksinspektoren« vom 20. Dezember 1905, Bed.-Anst. 38

179 ebd.

180 vgl. »Vorschrift für die Wärterinnen...« 1897, § 7

181 Die »Vorschrift für die Wärterinnen...« 1901 benennt den Zählapparat erstmals als Kontrollmittel. Da die Vorschriften für sämtliche Wärterinnen gültig sein sollten, kann man davon ausgehen, daß bis dahin in allen Anstalten derartige Apparate installiert waren.

182 Antrag des Revisors auf Anstellung einer Hilfskraft vom 6. Februar 1905, Bed.-Anst. 38

183 ebd.

184 vgl. ebd.;
s. a. Magistrat, Rundschreiben an die Wärterinnen vom 24. Juli 1897, Bed.-Anst. 2

185 Bürgermeister, Rundschreiben an die Bezirksinspektoren vom 25. Oktober 1907, Bed.-Anst. 38

186 ebd.

187 Rundschreiben vom 19. August 1897, Bed.-Anst. 2

188 Revisionsamt, Bericht an Referat IIa vom 13. November 1897, Bed.-Anst. 2

189 vgl. Bewerbung und Anstellungsvertrag vom Februar bzw. Dezember 1889, Bed.-Anst. 2

190 vgl. Revisionsamt, Bericht an Referat IIa vom 13. November 1897

191 ebd.

192 ebd.

193 vgl. hierzu etwa die Vorgänge über die Aufbewahrung persönlicher Habe von Prostituierten in der Anstalt am Karlsplatz aus den Jahren 1904 und 1905, Bed.-Anst. 14

194 Schreiben vom 13. Juni 1898, Bed.-Anst. 2

195 für die 1970er Jahre erhielten wir Auskunft über eine Prostituierte, die in öffentlichen Toiletten der Gegend um den Viktualienmarkt Geschlechtsverkehr ausgeübt haben soll (vgl. Interview, Bandaufzeichnung 13. Februar 1989);
zum folgenden vgl. Interview, Bandaufzeichnung 14. Februar 1989

196 vgl. Bericht des Bezirksinspektors vom 2. Dezember 1898, Bed.-Anst. 2

197 ebd.

198 Revisionsamt, Schreiben an Verwaltungsrat vom 6. Dezember 1898, Bed.-Anst. 2

199 Schreiben an Referat II a (undat.), Bed.-Anst. 2

200 Schreiben an Stadtbauamt (undat.; Eingang 25. Mai 1899), Bed.-Anst. 2

201 vgl. Dienstvorschriften für die Wärterinnen

202 nach Angaben aus einem Interview, Bandaufzeichnung 13. Februar 1989;
s. a. Beschluß des Kommunalausschusses vom 12. September 1961, Stadtarchiv München, Bezirksausschüsse 4

203 Personalreferat, Schreiben an einen Bezirksausschuß vom 15. April 1969, Bezirksausschüsse 4

204 vgl. ebd. und Interview, Bandaufzeichnung 13. Februar 1989

205 eine Ausnahme bildet hier nur die Anstalt im ehemaligen Brausebad an der Theresienwiese, die zur Zeit des Oktoberfestes mit Toilettenfrauen besetzt ist.

206 vgl. »Gewerkschaft schlägt Alarm: Münchens Klofrauen werden ausgebeutet«, AZ 11. September 1989

207 Interview, Bandaufzeichnung 23. Januar 1989

208 Interview, Bandaufzeichnung 20. Januar 1989

209 Interview, Bandaufzeichnung 23. Januar 1989

210 Interview, Bandaufzeichnung 14. Februar 1989

211 zit. nach: Werner Pieper (Hrsg.), Das Scheiß Buch. Entstehung, Nutzung und Entsorgung menschlicher Fäkalien. Löhrbach 1987, S. 112

212 vgl. Corbin, S. 126

213 vgl. ebd., S. 156

214 ebd., S. 126

215 dies betraf nur den direkten Umgang mit der Materie. Mit dem Verkauf von Fäkalien aus den Abortgruben der Stadt an Poudrette-Fabriken oder direkt an die Landwirtschaft ließ sich – »Geld stinkt nicht« – gut verdienen;
zum Zusammenhang zwischen Kot und Geld vgl. etwa Corbin, S. 155f. bzw. Das Scheiß Buch, S. 187f.

216 vgl. ebd., S. 186f.

217 Interview, Bandaufzeichnung 20. Februar 1989

218 vgl. MNN 29. September 1909

219 vgl. ebd.

220 nach Angaben aus einem Interview, Bandaufzeichnung 14. Februar 1989

221 Interview, Bandaufzeichnung

222 Interview, Bandaufzeichnung

223 Interview, Bandaufzeichnung 14. Februar 1989

224 Begehung, Tonbandprotokoll 27. Juli 1988

225 nach Angaben aus einem Interview, Bandaufzeichnung 13. Februar 1989

226 Interview, Bandaufzeichnung 23. Februar 1989

Benutzte Quellen und Literatur

Stadtarchiv München:
Aktenbestände: »Bedürfnisanstalten«,
                     »Bezirksausschüsse«
Sammlungsbestände
Abt. Großstadtkultur: Interview-Transkriptionen,   Tonband-
                        protokoll einer Begehung

Baureferat der Landeshauptstadt München (Hrsg.): Stadtentwässe-
                        rung München.
                        München 1969
Baureferat der Landeshauptstadt München (Hrsg.): 100 Jahre Stadt-
                        entwässerung 1885–1985.
                        München 1985
Bayerischer Architekten- und Ingenieurverein (Hrsg.): München und
                        seine Bauten.
                        München 1912
Berndt, Heide: Hygienebewegung des 19. Jahrhun-
                        derts als vergessenes Thema von
                        Stadt- und Architektursoziologie,
                        in: Die alte Stadt. Zeitschrift für Stadt-
                        geschichte, Stadtsoziologie und Denk-
                        malpflege, 14. Jg., 1987/2, S. 140 –
                        163
Corbin, Alain: Pesthauch und Blütenduft. Eine Ge-
                        schichte des Geruchs.
                        Frankfurt a. M. 1988
Cotournix: Erbauliche Enzy-Clo-Pädie. Kulturge-
                        schichte eines verschwiegenen Ört-
                        chens.
                        Wien/München 1979
Elias, Norbert: Über den Prozeß der Zivilisation. Sozio-
                        genetische und psychogenetische Un-
                        tersuchungen, Bd. 2
                        13. Aufl., Frankfurt a. M. 1988
Die Entwicklung Münchens unter dem Einflusse der Naturwissen-
                        schaften während der letzten Dezen-
                        nien.
                        Festschrift der LXXI. Versammlung Deut-
                        scher Naturforscher und Aerzte.
                        München 1899
Enzensberger, Chri-   Größerer Versuch über den Schmutz.
stian: Frankfurt a. M. 1980
Festschrift zur XXX. Jahresversammlung
                        des Deutschen Vereins von Gas- und
                        Wasserfachmännern.
                        München 1890
Forster, J.:   Wasserversorgung und Canalisation,
                        in: München in naturwissenschaftlicher
                        und medicinischer Beziehung.
                        München 1877

Gemeindliches. Ein Streiflicht auf Münchener Verhältnisse.
                        München 1875.
Gegen das Schwemmsystem. Bemerkungen zu dem Aufsatze von
                        Geh. Rath von Pettenkofer »Gut Ding
                        braucht Weile«.
                        München 1890
Illi, Martin: Von der Schißgruob zur modernen
                        Stadtentwässerung.
                        Zürich 1987
Loesch, Otto: Chronik der Stadtentwässerung Mün-
                        chens.
                        München 1951
Müller, Siegfried: Der verborgene Alltag hinter der ver-
                        schlossenen Tür,
                        in: Zeitschrift für Volkskunde, 84. Jg.,
                        1988/I, S. 26–38
Münch, Peter: Wasserversorgung und Kanalisation
                        als Gemeindeaufgabe in der 2. Hälfte
                        des 19. Jahrhunderts. Dargestellt am
                        Beispiel Münchens.
                        (unveröffentl. Magisterarbeit)
                        München 1986
Nerdinger, Winfried: Theodor Fischer, Architekt und Städte-
                        bauer 1862–1939.
                        Ausstellungskatalog
                        Berlin/München 1988
Pettenkofer, Max v.:   Die Choleragefahr für München.
                        Seperatabdruck aus den »Münchner
                        Neuesten Nachrichten«.
                        München 1884
ders.:   Zur Einführung des Schwemmsystems
                        in München.
                        Seperatabdruck aus den »Münchner
                        Neuesten Nachrichten«.
                        München 1890
ders.:   Die Typhusbewegung in München von
                        1851 bis 1887,
                        in: München, eine gesunde Stadt.
                        Separatabdruck aus der »Wissen-
                        schaftlichen Rundschau« der Münchner
                        Neuesten Nachrichten.
                        München 1889, S. 3–27
ders.:   Untersuchungen und Beobachtungen
                        über die Verbreitungsart der Cholera,
                        nebst Betrachtungen über Maßregeln,
                        derselben Einhalt zu thun.
                        München 1855
ders.:   Vorträge über Canalisation und Ab-
                        fuhr.
                        München 1876

Pieper, Werner (Hrsg.): Das Scheiß Buch. Entstehung, Nutzung, Entsorgung menschlicher Fäkalien. Löhrbach 1987

Singer, Karl: Hygiene und soziale Fürsorge in München. München 1907

Ziemssen, Hugo W. v.: Ein weiterer Beitrag zur Typhus-Frage. In: München, eine gesunde Stadt. Separatabdruck aus der »Wissenschaftlichen Rundschau« der Münchner Neuesten Nachrichten. München 1889, S. 28–36

Abbildungsverzeichnis

Abbildungen, soweit nicht anders angegeben: Stadtarchiv München
Aktuelle Aufnahmen: Erika Kiechle-Klemt, Stadtarchiv München